固定资产投资项目节能评估报告编制指南系列丛书

矿井及选煤厂项目 燃煤热电联产项目

（2014年版）

国家发展和改革委员会资源节约和环境保护司
中国国际工程咨询公司 编

中国计划出版社

图书在版编目（CIP）数据

固定资产投资项目节能评估报告编制指南.矿井及选煤厂项目燃煤热电联产项目/国家发展和改革委员会资源节约和环境保护司，中国国际工程咨询公司编.
—北京：中国计划出版社，2014.11
ISBN 978-7-5182-0016-0

Ⅰ.①固… Ⅱ.①国… ②中… Ⅲ.①固定资产投资—投资项目—节能—评估—中国—指南②矿井—投资项目—节能—评估—中国—指南③选煤厂—投资项目—节能—评估—中国—指南④燃煤发电厂—投资项目—节能—评估—中国—指南　Ⅳ.①F832.48-62

中国版本图书馆CIP数据核字（2014）第166221号

固定资产投资项目节能评估报告编制指南系列丛书
矿井及选煤厂项目
燃煤热电联产项目
（2014年版）

国家发展和改革委员会资源节约和环境保护司　编
中国国际工程咨询公司

中国计划出版社出版
网址：www.jhpress.com
地址：北京市西城区木樨地北里甲11号国宏大厦C座3层
邮政编码：100038　电话：（010）63906433（发行部）
新华书店北京发行所发行
三河富华印刷包装有限公司印刷

787mm×1092mm　1/16　13.25印张　118千字
2014年11月第1版　2014年11月第1次印刷
印数1—6000册

ISBN 978-7-5182-0016-0
定价：42.00元

版权所有　侵权必究
本书环衬使用中国计划出版社专用防伪纸，封面贴有中国计划出版社专用防伪标，否则为盗版书。请读者注意鉴别、监督！
侵权举报电话：（010）63906404
如有印装质量问题，请寄本社出版部调换

本书编委会

主　　审：何炳光　杨东民

主　　编：谢　极　王善成　朱黎阳

副 主 编：陆新明　金明红　张英健

编　　委：于瀚尧　韩明霞　论立勇

编写人员：（按姓氏笔画排序）
　　　　　刘玉洁　闫树芳　李志强　李　静　杨　宏
　　　　　张万青　张宾儒　徐春方　崔丽丽　梁　双
　　　　　程宇鹏

序

资源节约是我国的一项基本国策，"十一五"以来，我国将节能目标作为约束性指标纳入国民经济社会发展规划，采取一系列政策措施，推动节能工作取得了显著成效。党的十八大将生态文明建设放在突出地位，纳入"五位一体"总布局，作出推动能源生产和消费革命的重大部署，要求深入推进节能减排。习近平总书记2014年6月13日在中央财经领导小组第六次会议上强调，要坚决控制能源消费总量，有效落实节能优先方针，把节能贯穿于经济社会发展全过程和各领域。

节能评估审查是法律明确赋予的行政许可事项，是从源头上提高能效、控制能源消费总量的重要手段。据不完全统计，能评制度从2010年11月1日实施以来，已从源头核减不合理用能达5500万吨标准煤，为推动我国节能工作发挥了重要作用。同时，由于能评制度实施时间不长，实践中还存在社会认知度低、节能评估报告编制质量不高、能评报告编制标准和指南不健全等问题。

为完善能评支持体系建设，国家发展改革委环资司组织中国国际工程咨询公司，认真总结分析了近年来节能评估和审查的工作经验，编写了"固定资产投资项目节能评估报告编写指南系列丛书"（简称《指南系列丛书》），将多年的工作经验与能评工作者分享，希望对相关人员有所指导和帮助。

《指南系列丛书》首批出版的公共建筑、水运工程、热电联产、煤矿及选煤厂、风力发电、水力发电项目等六个领域的丛书，内容丰富、贴近工作实际，具有较强的适用性，可以更好地指导能评报告的编制和评审工作，有助于推动能评工作走向规范化、专业化。

编写说明

《固定资产投资项目节能评估报告编制指南系列丛书》自 2012 年启动以来，总结了几百个固定资产投资项目的节能评估与审查经验，先行完成了矿井与选煤厂、燃煤热电联产、水力发电、风力发电、公共建筑、水运工程六个行业的节能评估报告编制指南。

本书是《固定资产投资项目节能评估报告编制指南系列丛书》之一，着重讨论矿井与选煤厂、燃煤热电联产项目节能评估报告的编制方法和深度要求。

一、矿井与选煤厂项目

煤炭是我国最主要的能源，长期以来煤炭在我国的一次能源消费结构中所占比例在 66% 以上，我国的能源特点决定了以煤为主的能源结构将长期存在，煤炭将持续在我国国民经济和社会发展中发挥重要作用。在应对气候变化和节能减排的国际形势下，我国做好煤炭行业的节能工作是重要的组成部分之一。

自《固定资产投资项目节能评估和审查暂行办法》实施以来，受国家发展和改革委员会资源节约和环境保护司的委托，我们组织开展了大量煤炭项目的节能评估报告的评审工作，其间我们吸收、归纳国内煤炭行业权威专家的指导意见，经过层层审定和反复修改完善，编制完成了本次矿井及选煤厂项目节能评估报告编制指南及编写说明，希望对矿井及选煤厂项目节能评估报告编写工作有所裨益。

本书整理了矿井及选煤厂项目节能评估报告章节及重点评估内容，提出首先要明确项目的评估范围；评估项目选址、总平面布置的节能合理性，工艺技术方案重点评估开拓、开采工艺技术选择的合理性、先进性；规范划分矿井主要生产系统，评估各系统工艺的合理性、先进性，生产设备选型及匹配性，以及设备能效的先进性，合理估算各生产系统能耗情况及系统能耗指标；选煤厂工艺应结合煤质特点及产品需求，评估选煤工艺的合理性、先进性，按生产系统估算能耗情况，合理评估选煤单位产品电耗指标；辅助生产和附属生产设施中，主要评估供配电系统、暖通系统、给排水系统以及联合建筑等设施的能耗情况；评估项目采用的节能措施及实施效果，提出优化措施，体现节能评估的节能成效；结合矿井单位产品综合能耗指标及选煤厂单位产品电力消费指标，并对比同类矿井及选煤厂及有关能耗限额标准，评估项目能耗指标先进性；评估项目综合能耗情况对所在地能源消费的影响等内容。

本书的编写旨在通过对煤矿项目的节能评估，在项目的设计建设阶段之前把好节能关，完善并优化项目的工艺技术方案及采取的节能措施，推动煤矿固定资产投资项目的节能降耗工作。

二、燃煤热电联产项目

火力发电行业消耗了全国煤炭消耗总量的50%左右，发电量占到了总发电量的79%，截至2013年，我国火力发电机组装机达到8.62亿千瓦，其中热电联产机组装机占比已接近30%，特别是随着《大气污染防治行动计划》的出台和城镇化进程的加快，热电联产机组在火力发电项目中的比重仍将不断提高，做好热电联产机组节能评估工作具有重要意义。

我们在认真总结开展燃煤热电联产项目节能评估和审查工作经验的基础上，通过对近百个相关项目节能评估报告存在的问题进行梳理，并与国内火力发电行业权威研究单位、高等院校、设计院等多位知名专家进行了沟通交流，形成了编制指南初稿，在随后的热电联产项目节能审查工作中进行了近一年的试应用，结合应用过程中广大节能评估单位反馈建议进行了修改完善，最终形成本次书稿。

编制指南根据燃煤热电联产项目特点，重点对供热技术方案相关的内容进行了规范，针对目前热电联产项目能效指标计算方法不统一的问题，提出了统一的算法。本《编制指南》适用于在我国境内建设的燃煤热电联产项目节能评估报告的编制，主要技术指标计算方法适用于蒸汽初参数为超高压及以上、单台机组容量在125MW及以上、采用直接燃烧方式、主要燃用固体化石燃料的热电联产机组，其他类型火力发电机组可参照使用。

固定资产投资项目节能评估工作尚处于不断探索和完善过程中，限于编者水平有限，不妥和错误之处，敬请批评指正，电子邮箱：nengping@ciecc.com.cn。

本书编委会
2014年8月

目 录

矿井及选煤厂篇

矿井及选煤厂项目节能评估报告编制指南 …………………………… (3)
矿井及选煤厂项目节能评估报告编制指南说明 ………………………… (29)
参考资料 …………………………………………………………… (65)
  1. 煤炭产业政策 ………………………………………………… (67)
  2. 特殊和稀缺煤类开发利用管理暂行规定 …………………………… (74)
  3. 生产煤矿回采率管理暂行规定 …………………………………… (79)
  4. 国家重点节能技术推广目录（煤炭行业摘录）……………………… (84)
  5. 产业结构调整指导目录（2011年本）（2013年修正）
    （煤炭行业摘录）……………………………………………… (86)
  6. 部分煤炭行业标准名录 ………………………………………… (87)

燃煤热电联产篇

燃煤热电联产项目节能评估报告编制指南 ……………………………… (91)
燃煤热电联产项目节能评估报告编制指南说明 ………………………… (113)
参考资料 …………………………………………………………… (165)
  1. 燃煤热电联产项目节能评估主要技术指标核算方法 ………………… (167)
  2. 产业结构调整指导目录（2011年本）（2013年修正）
    （电力行业摘录）……………………………………………… (176)
  3. 关于发展热电联产的规定 ………………………………………… (178)
  4. 关于燃煤电站项目规划和建设有关要求的通知 …………………… (183)
  5. 热电联产和煤矸石综合利用发电项目建设管理暂行规定 …………… (186)
  6. 国家能源局关于促进低热值煤发电产业健康发展的通知 …………… (191)
  7. 国务院关于印发大气污染防治行动计划的通知（摘录）……………… (195)
  8. 发改委、环保部关于严格控制重点区域燃煤发电项目规划建设
    有关要求的通知 ……………………………………………… (197)

矿井及选煤厂篇

矿井及选煤厂项目节能评估报告编制指南

（封面）

项目名称（二号黑体）

节能评估报告（一号黑体）

建设单位名称：（小二宋体）

评估单位名称：（小二宋体）

年　　月（三号宋体）

（扉页）

项目名称（二号黑体）

节能评估报告（一号黑体）

建设单位名称：（盖章、小二宋体）

评估单位名称：（盖章、小二宋体）

年　　月（三号宋体）

项目节能评估单位资质

(证明编制单位具备相应专业、服务范围和能力水平的文件)

评估人员

	姓名	专业	职称	签字
项目负责人				
技术负责人				
项目组成员				
报告编制人				
报告复核人				
报告审核人				
报告审定人				

项目摘要表

	项目名称				
项目概况	项目建设单位			联系人及电话	
				传真	
	节能评估单位			联系人及电话	
				传真	
	项目建设地点	省　市　县（区）		所属行业	
	项目性质	□新建　　□改建　　□扩建		项目总投资	
	投资管理类别	□审批　　□核准　　□备案			
	项目拟开工及投产时间				
	建设规模和主要内容				
项目年综合能耗量	主要能源种类	计量单位	年需要实物量	折标系数	折标煤量（tce）
	电	10^4 kWh		（当量值）	
				（等价值）	
	煤	t		（当量值）	
	柴油	t		（当量值）	
	年综合能源消费量（tce）			当量值	
				等价值	
	耗能工质种类	计量单位	年需要实物量	折标系数	折标煤量（tce）
	新水	$10^4 m^3$		（等价值）	
	年耗能工质消费量（tce）				
	年耗能量（tce）			当量值	
				等价值	

续表

	项目指标名称	项目 (评估前)	项目 (评估后)	新建准入值	国内先进水平	国际先进水平	评估结论
项目能效指标对比	矿井单位产品综合能耗（当量值，kgce/t）						
	选煤厂单位产品电耗（kWh/t）						
对所在地能源消费影响	对所在地能源消费增量的影响						
	对所在地完成节能目标的影响						

节能评估前项目采取的主要节能措施：
(1)
(2)
(3)

节能评估前项目建设方案、用能工艺、耗能设备、节能措施等方面存在的主要问题：
(1)
(2)
(3)

节能评估提出的主要节能措施：
(1)
(2)
(3)

项目年节能量（tce）（当量值）

目 录

前 言
1 评估内容与依据
  1.1 评估范围和内容
  1.2 评估依据
    1.2.1 节能相关政策性依据
    1.2.2 行业相关的标准、规范
    1.2.3 项目支撑性文件
2 项目概况
  2.1 项目建设单位概况
  2.2 项目基本情况
  2.3 项目用能情况
3 项目建设方案节能评估
  3.1 项目选址、总平面布置节能评估
  3.2 项目工艺技术方案节能评估
  3.3 主要生产系统节能评估
    3.3.1 矿井主要生产系统节能评估
    3.3.2 选煤厂主要系统节能评估
  3.4 辅助生产和附属生产设施节能评估
  3.5 主要耗能设备能效水平评估
  3.6 本章评估小结
4 节能措施评估
  4.1 评估前项目采用的节能技术措施及效果评估
  4.2 评估后提出的节能技术措施及效果评估
  4.3 节能管理措施及经济性评估
  4.4 单项节能工程
  4.5 本章评估小结
5 项目综合能耗及能耗指标评估
  5.1 节能评估前项目综合能耗及能耗指标
  5.2 节能评估后项目综合能耗及能耗指标

  5.3 项目综合能耗及能耗指标评估

  5.4 本章评估小结

6 项目能源消费及对所在地影响评估

  6.1 项目能源供应及落实情况

  6.2 项目对所在地能源消费增量的影响评估

  6.3 项目对所在地完成节能目标的影响评估

7 结论

8 附件

  1. 可行性研究报告审查意见

  2. 可采煤层范围及利用厚度等值线图

  3. 工业场地选址方案图

  4. 工业场地总平面布置图

  5. 井田开拓布置图

  6. 采区巷道布置平面图

  7. 选煤工艺原则流程图

  8. 供电系统地理接线图

  9. 能源计量器具一鉴表

前　言

简述项目节能评估的目的、意义、方法及过程。

介绍项目建设背景及各项前期工作进展情况。

1 评估内容与依据

1.1 评估范围和内容

以项目投资包括的建设内容为依据，明确评估范围和用能系统边界，确定评估重点、评估原则、评估方法，开展评估工作。

1.2 评估依据

1.2.1 节能相关政策性依据

（1）与节能评估相关的国家法律、法规、规划、行业准入条件、产业政策。

（2）与节能评估相关的地方法规、规划、行业准入条件、产业政策。

（3）节能工艺、技术、装备、产品推荐目录，国家明令淘汰的用能产品、设备、生产工艺等目录。

1.2.2 行业相关的标准、规范

相关标准及规范，主要包括通用节能标准、行业设计规范、相关节能设计标准、用能设备能效等级标准、能源消耗限额标准等。

1.2.3 项目支撑性文件

项目所在的矿区规划批复、储量批复、煤质资料、可行性研究报告、供电协议、供水协议、矸石利用协议等相关工程技术资料。

2 项目概况

2.1 项目建设单位概况

建设单位名称、性质、地址、邮编、法定代表人、项目联系人及联系

方式。

项目建设单位成立时间、注册资金、主要经营范围、基本财务指标(总资产、资产负债率、生产经营数据、利税数据等)、股东构成、股权结构比例、项目投资方情况等能够反映项目建设单位总体情况的内容。

2.2 项目基本情况

项目名称、建设地点、项目性质、建设规模及内容；井田自然条件、水文地质条件、煤层赋存条件、开采条件等，井田境界、资源/储量、矿井设计生产能力及服务年限等。项目建设方案概况，矿井开拓开采工艺方案，选煤厂工艺技术方案；主要经济技术指标表；项目实施进度安排；改、扩建项目需要对前期工程技术方案、用能情况、已采取的节能措施等进行说明，并分析已有工程存在的问题、节能潜力及改进措施等。

2.3 项目用能情况

项目消费的能源及耗能工质的种类、实物量及其用途，项目综合能源消耗量等情况。

项目综合能耗量

主要能源种类	计量单位	实物量	折标系数	折标准煤（tce）	来源
电力	10^4 kWh			当量值	
				等价值	
煤	t				
综合能源消费量	tce			当量值	
				等价值	
主要耗能工质					
水	$10^4 m^3$				
综合能耗	tce			当量值	
				等价值	

3 项目建设方案节能评估

3.1 项目选址、总平面布置节能评估

（1）结合井田资源条件、井筒布置及地形地质、水文条件等，以及项目的场地土地使用情况（结合土地使用规划中的用地要求）、周边的供水、供电、供热（如果有）、交通运输条件等，评估项目工业场地选址的节能合理性及采取的节能措施的针对性，给出评估结论。

（2）从物流运输、存储、供电、供水、排水、供热等方面，说明工业场地总图横向、竖向布置、功能分区等；评估工业场地总平面布置在满足工艺流程、提高生产效率、减少物流运输能耗、节水、节电等方面的节能合理性及采取的节能措施。说明项目总平面布置等方面内容，并对其进行节能评估，给出评估结论。

3.2 项目工艺技术方案节能评估

（1）矿井开拓开采技术方案节能评估。①结合煤层赋存情况及开采条件等，说明并评估矿井开拓方式、开采工艺的节能合理性及采取的节能措施的针对性。②结合井田开拓方案，主要包括井田开拓方式、井筒布置、煤层分组及开采水平划分、巷道布置、盘区划分及开采顺序、首采区布置等，评估所选择的井田开拓方案的节能合理性。结合评估前项目采取的节能措施，评估后发现在节能方面存在的问题及有待进一步改进的方面，提出相应的节能措施。③结合采煤方法、采煤工艺以及达产时采掘工作面布置等，评估采掘工艺的节能合理性。结合评估前项目采取的节能措施，评估后发现在节能方面存在的问题及有待进一步完善改进的方面，提出相应的节能措施。

（2）选煤工艺技术节能评估。结合井田煤种、煤质特征及选煤产品定位，说明并评估选煤工艺技术的节能合理性及采取的节能措施的针对性。

3.3 主要生产系统节能评估

3.3.1 矿井主要生产系统节能评估

对矿井开拓方式及井下开采、掘进、运输、提升、通风、排水、压风、井

下防灭火、瓦斯抽采（如果有）、井下降温（如果有）、地面生产系统等矿井主要生产系统的工艺技术设计、用能情况、能耗指标及先进水平进行评估，并给出评估结论。

（1）说明井田开拓方案，主要包括井田开拓方式、井筒布置、煤层分组及开采水平划分、盘区划分、巷道布置及开采顺序、首采区布置等，评估所选择的井田开拓方案的节能合理性，应说明评估前项目采取的节能措施，评估后发现在节能方面存在的问题及进一步完善改进的方面，并提出相应的节能措施等。

（2）分别按开采、掘进、运输、提升、通风、排水、压风、井下防灭火、瓦斯抽采（如果有）、井下降温（如果有）、地面生产系统等矿井主要生产系统，说明各生产系统采用的工艺技术、主要设备选型、采取的节能措施，评估后发现存在的问题，提出新的相应的节能措施及效果等，列出系统电力负荷统计表，估算系统能耗情况及能耗指标，并与有关标准或同类项目对比评估。

附：矿井各主要生产系统采用的设备一览表；矿井各主要生产系统电力负荷统计表。

矿井生产系统能耗情况表

生产系统名称	设备工作容量（kW）	年耗电量（10^4kWh）	年耗油量（t）	备注
开采系统				
掘进系统				
运输系统				
提升系统				
通风系统				
排水系统				
压风系统				
井下防灭火系统				
瓦斯抽采系统				
合计				

矿井四大工序能耗指标情况

工序名称	单位	能耗指标	标准要求	适用标准	评估结论
主要通风系统				《煤矿主要工序能耗等级和限值 第1部分：主要通风系统》（GB/T 29723.1—2013）	
主排水系统				《煤矿主要工序能耗等级和限值 第2部分：主排水系统》（GB/T 29723.2—2013）	
空气压缩系统				《煤矿主要工序能耗等级和限值 第3部分：空气压缩系统》（GB/T 29723.3—2013）	
主提升带式输送系统（适用于斜井）				《煤矿主要工序能耗等级和限值 第4部分：主提升带式输送系统》（GB/T 29723.4—2013）	
主提升系统（适用于立井）				《煤矿主要工序能耗等级和限值 第5部分：主提升系统》（GB/T 29723.5—2013）	

注：矿井主要生产系统的工序能耗指标评估可参照表中标准（标准如有更新，请参照最新标准）。

（3）对于改扩建项目，评估项目是否能充分利用既有项目的基础设施和公共设施等情况，需在已有基础上进一步优化工艺布置，避免重复建设和浪费。

3.3.2 选煤厂主要系统节能评估

结合煤种及煤质特征，以及选煤产品定位需求，说明选煤工艺的合理性及采取的节能措施，评估选煤厂工艺技术方案的合理性、能耗情况及能耗指标，并给出评估结论。

附：选煤厂各主要生产系统采用的设备一览表；选煤厂各主要生产系统电力负荷统计表。

选煤厂生产设施能耗情况表

生产系统名称	设备工作容量（kW）	年耗电量（10^4kWh）	年耗油量（t）	系统能耗指标	备注
原煤准备系统					
主厂房系统					
储运及装车系统					
合计					

（3）对于改扩建项目，评估项目是否能充分利用既有项目的基础设施和公共设施等情况，需在已有基础上进一步优化布置，避免重复建设和浪费。

3.4 辅助生产和附属生产设施节能评估

（1）对项目供配电系统、暖通系统、给排水及水处理系统、矸石处理系统、工业控制自动化系统、地面辅助生产（矿井机电设备修理车间、综采设备中转库、木材加工房等）及附属生产设施（行政办公、职工宿舍、洗浴设施、生活照明等）、建筑节能等辅助生产和附属生产设施的工艺技术方案、主要设备选型及耗能量估算，对各系统用能情况及先进水平进行评估，并给出评估结论。

附：水平衡表；水平衡图。

辅助及附属生产系统能耗情况表

生产系统名称	设备工作容量（kW）	年耗电量（10^4kWh）	年耗油量（t）	系统能耗指标	备注
供配电系统					
给排水系统					
供热系统					
矸石处置系统					
合计					

（2）对于改扩建项目，评估项目是否能充分利用既有项目的基础设施和公共设施等情况，需在已有基础上进一步优化布置，避免重复建设和浪费。

3.5 主要耗能设备能效水平评估

（1）列出各生产系统的主要耗能设备型号、技术参数等，对比有关设备的能效标准，或同类行业类似项目采用的先进设备，评估项目主要耗能设备的能效水平及先进性，提出评估结论和建议。

（2）针对矿井及选煤厂项目，矿井主要耗能设备如采煤机、刮板输送机、破碎机、转载机、带式输送机、提升机、通风机、排水泵、空气压缩机及所配电机等，选煤厂主要耗能设备如传输设备、筛分设备、破碎机、渣浆泵、脱水设备以及所配电机等，评估是否采用国家节能产品推荐目录中的产品，并评估设备能效水平及先进性；

（3）对于项目采用的通用设备如通风机、清水泵、空气压缩机、冷水机组、变压器、工业锅炉等，与国家相关设备能效等级标准对标分析，评估设备能效水平及先进性；对于不属于国家节能产品的设备，需提出明确的修改意见。

（4）对于目前没有相关能效水平标准的设备，应采取类比分析法，与近期同类项目采用的设备能效水平进行类比分析，必要时可向设备生产厂商了解设备的技术参数及能效水平，评估分析设备能效水平处于国内何种水平。

（5）列出主要用能设备能效水平汇总表。

3.6 本章评估小结

对本章内容进行小结。

4 节能措施评估

4.1 评估前项目采用的节能技术措施及效果评估

说明评估前项目在选址、总平面布置、建设方案、工艺技术、设备、节能措施等方面采用的节能技术措施，并进行评估。

4.2 评估后提出的节能技术措施及效果评估

说明经过评估，项目在节能方面尚存在的问题、可以改善的环节等。针对项目在节能方面尚存在的问题、可以改善的环节等，重点从建设方案、工艺技术、主要设备选型及能效水平、节能措施等方面，针对评估前报告中没有挖掘的节能潜力，进一步提出相应的节能措施，并评估所提出的节能措施的针对性、可操作性和经济合理性，测算节能量。

4.3　节能管理措施及经济性评估

论述项目节能管理措施、能源计量等方面采取的措施与方案，并进行评估。

附：节能管理措施、效果及成本效益分析表。

4.4　单项节能工程

在瓦斯综合利用电站、水源热泵、矸石综合利用等资源综合利用方面未纳入建设项目和拟分期建设的节能工程。

4.5　本章评估小结

对本章内容进行小结。

5　项目综合能耗及能耗指标评估

5.1　节能评估前项目综合能耗及能耗指标

说明节能评估前项目的能源消费种类及综合能耗情况（当量值、等价值），以及矿井、选煤厂的单位产品能耗指标等。

5.2　节能评估后项目综合能耗及能耗指标

（1）结合评估后采取的节能措施及节能量（当量值），核算节能评估后项目年综合能耗量（当量值）以及单位产品能耗（当量值）、单位投资能耗（等价值）、单位增加值能耗（等价值）等指标，结合有关能耗指标标准，评估项目单位产品能耗指标及先进性。

（2）说明节能评估后能源加工、转换和利用情况。根据《企业能量平衡网络图绘制方法》（GB/T 28749—2012）和《企业能量平衡表编制方法》（GB/T 28751—2012），编制企业能量平衡网络图、企业能量平衡表，分析项目能源加工、转换和利用情况。

附：企业能量平衡表；企业能量平衡网络图。

5.3 项目综合能耗及能耗指标评估

项目能耗指标是最终反映项目用能水平高低的一个综合性指标，是项目用能情况的关键指标，也是节能评估的重点。可采用标准对照法、类比分析法、专家判断等三种方法，通过与现行国家标准、行业标准、地方标准、产业政策规定或同类先进水平项目的数据进行能耗指标的对比分析，评估项目能耗指标达到同行业何种水平。

评估后项目用能情况表

能源种类	单位	年需要实物量	折标系数	折标煤量（tce）
电	10^4 kWh		（当量值）	
			（等价值）	
煤	t			
柴油	t			
新水	$10^4 m^3$			
项目年综合能源消耗总量（tce）			当量值	
			等价值	

评估前、后项目能耗指标对比评估表

指标名称	单位	项目（评估前）	项目（评估后）	新建准入值	国内先进水平	国际先进水平	评估结论
矿井单位产品综合能耗	kgce/t						
矿井单位产品电耗	kWh/t						
选煤单位产品电耗	kWh/t						

5.4 本章评估小结

对本章内容进行小结。

6 项目能源消费及对所在地影响评估

6.1 项目能源供应及落实情况

结合项目所在地的电力、热力、煤炭、燃油等供应及消费需求情况，说明项目用能的供应条件及落实情况。

6.2 项目对所在地能源消费增量的影响评估

根据项目所在地节能目标、单位地区生产总值能耗、地区生产总值、国民经济发展规划、能源发展规划等资料，查找项目所在地省、市两级能源消费增量预测限额。

估算项目综合能源消费量占所在地能源消费增量的比重，评估项目综合能源消费量对项目所在地省、市两级能源消费增量预测限额的影响。

6.3 项目对所在地完成节能目标的影响评估

估算项目工业总产值和工业增加值，估算项目单位增加值能耗（等价值），评估项目单位增加值能耗对项目所在地实现节能目标的影响。

7 结论

参考以下内容进行总结：
（1）项目能源消费种类、数量及综合能耗量；
（2）节能评估后项目的能耗指标，在行业所处的水平。
（3）项目节能措施实现的节能量；
（4）项目综合能源消费量对项目所在地能源消费的影响；
（5）根据节能评估情况，除了在以上章节中发现并解决的问题外，针对项目在建设方案、工艺技术和节能管理措施等方面可能存在的问题，目前还没有解决及具有可操作性的问题，提出相关的建议。

参考以上内容的评估结论进行总结。

8 附件

附件应列出相关图表、原始数据等必要的支持性文件，一般应包括下列内容：

1. 可行性研究报告审查意见
2. 可采煤层范围及利用厚度等值线图
3. 工业场地选址方案图
4. 工业场地总平面布置图
5. 井田开拓布置图
6. 采区巷道布置平面图
7. 选煤工艺原则流程图
8. 供电系统地理接线图
9. 能源计量器具一览表

矿井及选煤厂项目节能评估报告编制指南说明

（封面）

项目名称（二号黑体）

节能评估报告（一号黑体）

建设单位名称：（小二宋体）

评估单位名称：（小二宋体）

年　　月（三号宋体）

(扉页)

项目名称（二号黑体）

节能评估报告（一号黑体）

建设单位名称：（盖章、小二宋体）

评估单位名称：（盖章、小二宋体）

年　　月（三号宋体）

【编制要点】

(1) 封面格式供参考。

(2) 项目名称宜包括建设单位全称、建设规模、性质（新建、改建、扩建）等关键信息，例如某公司某矿井及选煤厂（8.0Mt/a）项目。

(3) 项目建设单位和节能评估单位应写明全称，并在扉页加盖单位公章。

(4) 节能评估报告日期应以出版日期为准。

项目节能评估单位资质
(证明编制单位具备相应专业、服务范围和能力水平的文件)

评估人员

	姓名	专业	职称	签字
项目负责人				
技术负责人				
项目组成员				
报告编制人				
报告复核人				
报告审核人				
报告审定人				

【编制要点】

（1）该表供参考，评估单位可根据企业内部质量管理有关规定填写。

（2）评估人员专业中，一般应包括但不限于以下主要相关专业：采矿、选矿、机电、设备、电气、总图、运输、暖通、给排水、技经等。

项目摘要表

<table>
<tr><td rowspan="8">项目概况</td><td>项目名称</td><td colspan="4"></td></tr>
<tr><td rowspan="2">项目建设单位</td><td colspan="2"></td><td>联系人及电话</td><td></td></tr>
<tr><td colspan="2"></td><td>传真</td><td></td></tr>
<tr><td rowspan="2">节能评估单位</td><td colspan="2"></td><td>联系人及电话</td><td></td></tr>
<tr><td colspan="2"></td><td>传真</td><td></td></tr>
<tr><td>项目建设地点</td><td colspan="2">省　　市　　县（区）</td><td>所属行业</td><td></td></tr>
<tr><td>项目性质</td><td colspan="2">□新建　　□改建　　□扩建</td><td>项目总投资</td><td></td></tr>
<tr><td>投资管理类别</td><td colspan="3">□审批　　□核准　　□备案</td><td></td></tr>
<tr><td colspan="2">项目拟开工及投产时间</td><td colspan="4"></td></tr>
<tr><td colspan="2">建设规模和主要内容</td><td colspan="4"></td></tr>
<tr><td rowspan="11">项目年综合能耗量</td><td>主要能源种类</td><td>计量单位</td><td>年需要实物量</td><td>折标系数</td><td>折标煤量（tce）</td></tr>
<tr><td rowspan="2">电</td><td rowspan="2">10^4 kWh</td><td rowspan="2"></td><td>（当量值）</td><td></td></tr>
<tr><td>（等价值）</td><td></td></tr>
<tr><td>煤</td><td>t</td><td></td><td>（当量值）</td><td></td></tr>
<tr><td>柴油</td><td>t</td><td></td><td>（当量值）</td><td></td></tr>
<tr><td></td><td></td><td></td><td>（当量值）</td><td></td></tr>
<tr><td colspan="3" rowspan="2">年综合能源消费量（tce）</td><td>当量值</td><td></td></tr>
<tr><td>等价值</td><td></td></tr>
<tr><td>耗能工质种类</td><td>计量单位</td><td>年需要实物量</td><td>折标系数</td><td>折标煤量（tce）</td></tr>
<tr><td>新水</td><td>10^4 m³</td><td></td><td>（等价值）</td><td></td></tr>
<tr><td></td><td></td><td></td><td></td><td></td></tr>
<tr><td colspan="4">年耗能工质消费量（tce）</td><td></td></tr>
<tr><td colspan="3" rowspan="2">年综合能耗量（tce）</td><td>当量值</td><td></td></tr>
<tr><td>等价值</td><td></td></tr>
</table>

续表

项目能效指标对比	项目指标名称	项目 （评估前）	项目 （评估后）	新建 准入值	国内 先进 水平	国际 先进 水平	评估 结论
	矿井单位产品综合能耗（当量值，kgce/t）						
	选煤厂单位产品电耗（kWh/t）						
对所在地能源消费影响	对所在地能源消费增量的影响						
	对所在地完成节能目标的影响						

节能评估前项目采取的主要节能措施： （1） （2） （3）

节能评估前项目建设方案、用能工艺、耗能设备、节能措施等方面存在的主要问题： （1） （2） （3）

节能评估提出的主要节能措施： （1） （2）

项目年节能量（tce）（当量值）	

【编制要点】

(1) 项目名称：与节能评估报告封面的项目名称一致。

(2) 项目建设单位名称、节能评估单位名称：填写全称。

(3) 联系人：填写本单位本项目节能评估工作负责人，联系方式：包括固定电话和移动电话。填写传真，以便于传递纸质文件。

(4) 项目建设地点：填写到省、市、县（区）三级行政区划。

(5) 所属行业：参照《国民经济行业分类》（GB/T 4754—2011）填写。

(6) 项目性质：按项目性质填写。

(7) 项目总投资：填写固定资产投资项目的总投资。

(8) 投资管理类别：按项目管理类别填写。

(9) 项目拟开工及投产时间：按项目进度计划时间安排填写。参考格式如本项目计划于某年某月开工建设，某年某月建成投产，建设工期多少个月。

(10) 建设规模和主要内容：体现井田位置、建设规模、工艺技术、采掘工作面布置等内容。对于矿井及选煤厂项目，参考样例：如某井田行政隶属于某省市县镇，属于某矿区。矿井设计建设规模8.0Mt/a，矿井设计服务年限为78a。矿井采用斜井开拓方式，设三个井筒，井下共设两个生产水平。采用综采放顶煤开采工艺，在一采区布置一个综采工作面、在二采区布置一个大采高综采工作面达到8.0Mt/a设计生产能力。井田煤种主要为长焰煤，选煤厂产品定位为动力用煤，采用重介浅槽分选工艺等。

(11) 项目年综合能源消费量：按项目消费能源的实物种类分别填写，其中电力按当量值、等价值折标系数分别填写折标准煤的当量值、等价值。

(12) 能源折标系数参考《综合能耗计算通则》（GB/T 2589）。

(13) 项目能效指标对比：评估前指标（实际值）填写节能评估前本项目的各项能效指标，评估后指标值填写经节能评估提出各项节能措施、优化建设方案后，本项目的各项能耗指标。其中，评估后的指标分为实际值、折算值，折算值对比《煤炭井工开采单位产品能耗限额》（GB 29444—2012）、《选煤电力消耗限额》（GB 29446—2012）进行折算并进行对标评估；准入值、先进值是指上述标准中的数值。

(14) 对所在地能源消费增量的影响：填写项目综合能源消费量占项目所在地省、市两级能源消费增量的比例，分析其影响程度。

(15) 对所在地完成节能目标的影响：填写项目单位增加值能源消费量（简称单位增加值能耗，单位增加值能耗＝项目综合能源消费量（等价值）/

项目增加值），对项目所在地单位 GDP 能耗节能目标的影响，以及对项目所在地单位工业增加值能耗节能目标的影响。

（16）节能评估前项目采取的主要节能措施：简要列出开展节能评估工作前项目已采用的、有针对性的、节能效果明显的节能措施。

（17）评估前项目在节能方面存在的问题：经过评估后，提出节能评估前项目在选址、总平面布置、建设方案、工艺技术、用能工艺、设备、节能措施等方面尚存在的问题。

（18）节能评估提出的主要节能措施及节能效果：针对节能评估提出的项目在节能方面存在的问题，评估提出的可落实、有针对性、节能效果显著的节能措施。

（19）项目年节能量：指项目采取的节能技术措施、节能管理措施产生的节能效果，此处填写量化的节能量（当量值）。

目　　录

前　言
1　评估内容与依据
　1.1　评估范围和内容
　1.2　评估依据
　　1.2.1　节能相关政策性依据
　　1.2.2　行业相关的标准、规范
　　1.2.3　项目支撑性文件
2　项目概况
　2.1　项目建设单位概况
　2.2　项目基本情况
　　2.2.1　项目概况
　　2.2.2　项目资源条件
　　2.2.3　项目建设方案及内容
　2.3　项目用能情况
3　项目建设方案节能评估
　3.1　项目选址、总平面布置节能评估
　3.2　项目工艺技术方案节能评估
　　3.2.1　矿井开拓开采技术方案节能评估
　　3.2.2　选煤工艺技术方案节能评估
　3.3　主要生产系统节能评估
　　3.3.1　矿井主要系统节能评估
　　3.3.2　选煤厂主要生产系统节能评估
　3.4　辅助生产和附属生产设施节能评估
　3.5　主要耗能设备能效水平评估
　3.6　本章评估小结
4　节能措施评估
　4.1　评估前项目采用的节能技术措施及效果评估
　4.2　评估后提出的节能技术措施及效果评估
　4.3　节能管理措施

4.4　单项节能工程

　　4.5　本章评估小结

5　项目综合能耗及能耗指标评估

　　5.1　节能评估前项目综合能耗及能耗指标

　　5.2　节能评估后项目综合能耗及能耗指标

　　5.3　项目综合能耗及能耗指标评估

　　5.4　本章评估小结

6　项目能源消费及对所在地影响评估

　　6.1　项目能源供应及落实情况

　　6.2　项目对所在地能源消费增量的影响评估

　　6.3　项目对所在地完成节能目标的影响评估

7　结论

8　附件

　　1. 可行性研究报告审查意见

　　2. 可采煤层范围及利用厚度等值线图

　　3. 工业场地选址方案图

　　4. 工业场地总平面布置图

　　5. 井田开拓布置图

　　6. 采区巷道布置平面图

　　7. 选煤工艺原则流程图

　　8. 供电系统地理接线图

　　9. 能源计量器具一览表

前　　言

简述项目节能评估的目的、意义、方法及过程。

介绍项目建设背景及各项前期工作进展情况。

1　评估内容与依据

1.1　评估范围和内容

以项目投资包括的建设内容为依据,明确评估范围和用能系统边界,确定评估重点、评估原则、评估方法,开展评估工作。

1.2　评估依据

1.2.1　节能相关政策性依据

（1）与节能评估相关的国家法律、法规、规划、行业准入条件、产业政策。

（2）与节能评估相关的地方法规、规划、行业准入条件、产业政策。

（3）节能工艺、技术、装备、产品推荐目录,国家明令淘汰的用能产品、设备、生产工艺等目录。

1.2.2　行业相关的标准、规范

相关标准及规范,主要包括通用节能标准、行业设计规范、相关节能设计标准、用能设备能效等级标准、能源消耗限额标准等。

1.2.3　项目支撑性文件

项目所在的矿区规划批复、储量批复、煤质资料、可行性研究报告、供电协议、供水协议、矸石利用协议等相关工程技术资料。

【编制要点】

（1）评估依据应列出文件全称。

（2）引用的依据要齐全、适用,且为最新版本,文号、标准号齐全,编写格式举例：

《中华人民共和国节约能源法》（主席令第七十七号）

《固定资产投资项目节能评估和审查暂行办法》（国家发展和改革委员会

令第 6 号)

《综合能耗计算通则》(GB/T 2589)。

(3) 避免引用无关的依据。

2 项目概况

2.1 项目建设单位概况

建设单位名称、性质、地址、邮编、法定代表人、项目联系人及联系方式。

项目建设单位成立时间、注册资金、主要经营范围、基本财务指标(总资产、资产负债率、生产经营数据、利税数据等)、股东构成、股权结构比例、项目投资方情况等能够反映项目建设单位总体情况的内容。

2.2 项目基本情况

2.2.1 项目概况

简要介绍项目名称、建设地点、项目性质、建设规模及内容。

2.2.2 项目资源条件

简要说明井田所在的地理位置、井田范围、周边交通运输条件、自然条件、地形地貌,资源条件(主要可采煤层、煤类、煤质特征等)及开采技术条件(水文地质条件、地质构造、煤层顶底板、瓦斯、煤层、地温、自燃性等)等,论述井田境界、资源/储量、设计生产能力及服务年限等。

附:井田交通位置图

供电系统地理接线图

井田境界图

可采煤层范围及利用厚度等值线图

可采煤层特征表

煤质特征表等

2.2.3 项目建设方案及内容

简要介绍项目建设方案概况,主要包括矿井开拓开采工艺技术方案、井下主要生产系统工艺技术,选煤厂工艺技术方案,地面辅助及附属生产设施布置方案等;主要经济技术指标表;列出项目实施进度安排。

对于改、扩建项目，需要对前期工程技术方案、用能情况、已采取的节能措施等进行说明，并分析已有工程存在的问题、节能潜力及改进措施等。

【编制要点】

（1）简要说明项目建设方案。根据外部建设条件及煤层赋存特征，说明矿井开拓方式、井筒布置及工业场地选址方案，全井田划分的开采水平及设计标高，全井田采区、盘区划分，开采顺序，巷道布置，回采工作面及掘进面布置，采掘比等；说明采煤方法、开采工艺等。根据设计可采储量，明确设计的采区及工作面回采率。

附：工业场地选址方案图；

井田开拓布置图；

采区巷道布置平面图。

（2）说明井下开采、掘进、运输、提升、通风、排水、压风、井下防灭火、瓦斯抽采（如果有）、井下降温（如果有）、地面生产系统等矿井主要生产系统的工艺设计方案。

（3）结合煤种类别、煤质资料及产品定位，说明选煤厂的工艺技术方案及产品方案。

附：选煤工艺原则流程图。

（4）说明供配电系统、采暖通风系统、给排水及水处理系统、矸石处理系统、工业控制自动化系统、地面辅助生产（矿井机电设备修理车间、综采设备中转库、木材加工房等）及附属生活设施（行政办公、职工宿舍、洗浴设施、生活照明等）、建筑等方面的工艺设计方案。

附：供电系统地理接线图。

（5）列出项目主要的技术经济指标。附：项目主要技术经济指标表。

（6）说明项目建设周期、建设进度计划安排等。

附：项目进度计划图（表）。

（7）改、扩建项目需要对前期工程的建设方案如建设规模、开拓方式、开采方式、采掘工作面布置、主要耗能设备选型、选煤厂规模及工艺技术、采取的节能措施、用能情况、能效指标等进行说明，并分析已有工程存在的问题、节能潜力及改进措施等。

2.3 项目用能情况

说明项目消费的能源及耗能工质的种类、实物量、用途及来源，得出项目综合能源消耗量。

【编制要点】

项目综合能耗量

主要能源种类	计量单位	实物量	折标系数	折标准煤（tce）	来源
电力	10⁴kWh			当量值	
				等价值	
煤	t				
综合能源消费量	tce			当量值	
				等价值	
主要耗能工质					
水	10⁴m³				
综合能耗	tce			当量值	
				等价值	

3 项目建设方案节能评估

3.1 项目选址、总平面布置节能评估

说明项目场地选址情况，并对其进行节能评估，给出评估结论。

说明项目总平面布置等方面的内容，并对其进行节能评估，给出评估结论。

【评估要点】

（1）结合井田资源条件、井筒布置及地形地质、水文条件等，以及项目

的场地土地使用情况（结合土地使用规划中的用地要求）、周边的供水、供电、供热（如果有）、交通运输条件等，评估项目工业场地选址的节能合理性及采取的节能措施的针对性，给出评估结论。

（2）从物流运输、存储、供电、供水、排水、供热等方面，说明工业场地总图横向、竖向布置、功能分区等；评估工业场地总平面布置在满足工艺流程、提高生产效率、减少物流运输能耗、节水、节电等方面的节能合理性及采取的节能措施。

附：工业场地总平面布置图。

3.2 项目工艺技术方案节能评估

3.2.1 矿井开拓开采技术方案节能评估

结合煤层赋存情况及开采条件等，说明并评估矿井开拓方式、开采工艺的节能合理性及采取的节能措施的针对性，并针对存在的问题及有待改进完善的方面提出改进的节能措施。

【评估要点】

（1）评估井田开拓方案，主要包括井田开拓方式、井筒布置、煤层分组及开采水平划分、巷道布置、盘区划分、开采顺序及首采区布置等，分析井田开拓方式的节能合理性。应结合评估前项目采取的节能措施，评估后发现在节能方面存在的问题及有待进一步完善改进的方面，提出相应的节能措施。

（2）评估采、掘工作面布置，开采方式、采煤工艺及顶底板管理方式等，分析开采工艺的节能合理性。应结合评估前项目采取的节能措施，评估后发现在节能方面存在的问题及有待进一步完善改进的方面，提出相应的节能措施。

3.2.2 选煤工艺技术方案节能评估

结合井田煤种、煤质特征及选煤产品定位，评估选煤工艺技术的节能合理性及采取的节能措施的针对性，并针对存在的问题及有待改进完善的方面，提出改进的节能措施。

【评估要点】

结合井田煤种、煤质特征及选煤产品定位等，评估选煤工艺的节能合理性及采取的节能措施，并针对存在的问题及有待改进完善的方面，提出有针对性的节能措施。

3.3 主要生产系统节能评估

3.3.1 矿井主要系统节能评估

对矿井开采、掘进、运输、提升、通风、排水、压风、井下防灭火、瓦斯抽采（如果有）、井下降温（如果有）、地面生产系统等矿井主要生产系统的工艺技术设计、采取的节能措施进行评估，估算各系统的能耗情况、能耗指标，并给出评估结论。

【评估要点】

（1）分别按开采、掘进、运输、提升、通风、排水、压风、井下防灭火、瓦斯抽采（如果有）、井下降温（如果有）、地面生产系统等矿井主要生产系统，说明各生产系统采用的工艺技术、主要设备选型、采取的节能措施的针对性，评估后发现存在的问题，评估提出的节能措施及实现的节能效果等，列出系统电力负荷统计表，核算系统能耗情况及能耗指标，并与有关标准或同类项目对比评估。

开采系统，应结合盘区煤层赋存条件和开采技术条件，说明工作面布置、开采方式等，评估采用的开采工艺、开采工作面配备及设计产能的节能合理性，所采用主要设备如采煤机及工作面可弯曲刮板输送机、转载机、破碎机、支架、可伸缩胶带输送机等设备选型的合理性，评估采取的节能措施的针对性，核算能耗情况及工序能耗指标，并与有关标准或同类项目对比评估。

掘进系统，应结合矿井开拓部署和移交采区开采技术条件等，评估采用的掘进工艺、掘进工作面布置、所采用的掘进机等设备选型，以及采取的节能措施的针对性，核算能耗情况及工序能耗指标，并与有关标准或同类项目对比评估。

运输系统，包括主要运输系统和辅助运输系统，应结合盘区工作面布置、巷道布置、井底煤仓、主副井设置等，评估井下运输方案设计，运输能力、所采用的带式输送机及辅助运输设备选型的合理性，采取的节能措施的针对性，评估核算能耗情况及工序能耗指标，并与有关标准或同类项目对比评估。

提升系统，对于斜井开拓，评估主提升带式输送机系统设计工艺、选用的带式输送机选型的合理性以及采取的节能措施的针对性；对于立井开拓，评估主、副井提升系统设计工艺、提升机选型的合理性以及采取的节能措施的针对性。核算工序能耗情况及工序能耗指标，并与有关能耗等级标准或同类项目对比评估。

对于井下通风系统，应结合通风量需求、通风条件等，评估通风系统的工艺设计、通风方式、采用的主要设备选型、采取的节能措施的针对性，核算系统能耗情况及工序能耗指标，并与有关能耗等级标准或同类项目对比评估。

对于井下排水系统，应结合井下最大及平均涌水量、排水管路设计等，评估排水系统的工艺设计、主要设备选型及采取的节能措施的针对性，核算系统能耗情况及工序能耗指标，并与有关能耗等级标准或同类项目对比评估。

对于压风系统，应结合供气量、用气要求等，评估空气压缩机站布置、供气系统的工艺设计、主要设备选型及采取的节能措施的针对性，核算能耗情况及工序能耗指标，并与有关能耗等级标准或同类项目对比评估。

对于井下安全（井下防灭火、瓦斯抽放、热害防治等）生产系统，应评估各系统的工艺设计、主要设备选型及采取的节能措施的针对性，核算能耗情况及工序能耗指标，并与有关标准或同类项目对比评估。

附：各主要生产系统采用的主要设备一览表。

矿井生产系统能耗情况表

生产系统名称	设备工作容量（kW）	年耗电量（10^4kWh）	年耗油量（t）	备注
开采系统				
掘进系统				
运输系统				
提升系统				
通风系统				
排水系统				
压风系统				
井下防灭火系统				
瓦斯抽采系统				
合计				

矿井主要生产系统的工序能耗指标评估可参照如下标准（标准如有更新，

请参照最新标准）：

《煤矿主要工序能耗等级和限值 第 1 部分：主要通风系统》（GB/T 29723.1—2013）；

《煤矿主要工序能耗等级和限值 第 2 部分：主排水系统》（GB/T 29723.2—2013）；

《煤矿主要工序能耗等级和限值 第 3 部分：空气压缩系统》（GB/T 29723.3—2013）；

《煤矿主要工序能耗等级和限值 第 4 部分：主提升带式输送系统》（GB/T 29723.4—2013）；

《煤矿主要工序能耗等级和限值 第 5 部分：主提升系统》（GB/T 29723.5—2013）等。

矿井四大工序能耗指标情况

工序名称	单位	能耗指标	标准要求	适用标准	评估结论
主要通风系统				《煤矿主要工序能耗等级和限值 第 1 部分：主要通风系统》（GB/T 29723.1—2013）	
主排水系统				《煤矿主要工序能耗等级和限值 第 2 部分：主排水系统》（GB/T 29723.2—2013）	
空气压缩系统				《煤矿主要工序能耗等级和限值 第 3 部分：空气压缩系统》（GB/T 29723.3—2013）	
主提升带式输送系统（适用于斜井开拓）				《煤矿主要工序能耗等级和限值 第 4 部分：主提升带式输送系统》（GB/T 29723.4—2013）	
主提升系统（适用于立井开拓）				《煤矿主要工序能耗等级和限值 第 5 部分：主提升系统》（GB/T 29723.5—2013）	

（2）对于改扩建项目，评估项目是否能充分利用既有项目的基础设施和公共设施等情况，需在已有基础上进一步优化工艺布置，避免重复建设和浪费。

（3）各项评估内容格式应按照：评估前……，评估认为（发现存在哪些节能方面的问题）……，评估提出……节能措施，评估后调整为……（节能评估报告中提出的调整措施，视为项目建设单位认可并落实的节能措施，对于没有采用的或不能落实的节能措施但评估认为重要的，放在第七章建议部分说明）。

3.3.2 选煤厂主要生产系统节能评估

对选煤厂主要生产系统工艺技术的合理性及采取的节能措施进行评估，核算选煤厂能耗情况及能耗指标，并给出评估结论。

【评估要点】

（1）根据确定的选煤工艺技术流程，评估选煤厂各主要生产系统如原煤准备系统、选煤主厂房、煤泥水处理、产品储存与装车等系统采用的工艺技术、主要设备选型的合理性、采取的节能措施等的合理性，核算选煤厂能耗情况及能耗指标，并与有关标准或同类项目对比评估。

附：各主要生产系统采用的设备一览表。

选煤厂生产设施能耗情况表

生产系统名称	设备工作容量（kW）	年耗电量（10^4kWh）	年耗油量（t）	系统能耗指标	备注
原煤准备系统					
主厂房系统					
储运及装车系统					
合计					

（2）对于该扩建项目，评估项目是否能充分利用既有项目的基础设施和公共设施等情况，需在已有基础上进一步优化布置，避免重复建设和浪费。

(3) 各项评估内容格式应按照：评估前……，评估认为（发现存在哪些节能方面的问题）……，评估提出……节能措施，评估后调整为……（节能评估报告中提出的调整措施，视为项目建设单位认可并落实的节能措施，对于没有采用的或不能落实的节能措施但评估认为重要的，放在第七章建议部分说明）。

3.4 辅助生产和附属生产设施节能评估

对项目供配电系统、供热通风系统、给排水及水处理系统、矸石及煤泥综合利用系统、工业控制自动化系统、地面辅助生产（矿井机电设备修理车间、综采设备中转库、坑木加工房等）及附属生产设施（行政、生活福利设施等）、建筑节能等辅助生产和附属生产设施的工艺技术方案、用能情况及先进水平进行评估，并给出评估结论。

【评估要点】

(1) 结合矿井及选煤厂有关设计规范，评估各系统采用的工艺技术、主要设备选型及采取的节能措施的针对性，提出评估发现的问题及改进措施，核算各系统耗能情况及能耗指标，并给出评估结论。

1) 对于供配电系统，结合有关设计规范，根据矿井及选煤厂电力负荷及负荷级别、电压等级，说明项目的电源引接方案，主变电站、地面供配电所、井下供配电系统、工业场地照明及防雷电保护等系统设计，评估变电站位置是否接近用电负荷中心、变电站线路便捷、用电电压等级、主变压器选型及运行方式的合理性，评估负荷率是否处于经济合理运行范围，根据变压器空载损耗、负载损耗，评估变压器能效水平；评估在变压器选型、供配电线路、无功补偿、谐波治理等方面采取的节能措施。估算供配电系统电能损耗并评估是否满足企业合理用电技术要求。

2) 对于供热通风系统，热负荷主要包括井筒防冻、建筑采暖（建筑面积、单位面积热负荷等）、职工生活热水等。应结合项目所在地室外气象资料（采暖期室外平均气温、最低气温等）及项目用热需求、热媒介质选择年用热小时数（如属于采暖地区，应分别核算采暖期和非采暖期热负荷）等，合理估算用热负荷，评估供热系统设计、主要设备选型、管道敷设方式等方面的设计、设备选型及能效水平、采取的节能措施等，估算系统耗能量。评估通风系统工艺设计、设备选型及能效、采取的节能措施等，估算系统耗能量。

3）对于给排水及水处理系统，主要包括给水系统、排水系统及水处理系统，结合水源条件、水质及水量需求（生产用水、生活用水、消防洒水绿化卫生用水等），评估给水、排水系统及矿井水、生活污水处理系统的工艺设计，各系统采用的主要设备，采取的节能措施等，评估系统耗能量情况。

附：水平衡表，水平衡图。

4）矸石及煤泥综合利用系统利用，说明掘进矸石、选煤矸石及煤泥的综合利用方案，采取的节能措施等，估算能耗情况。

5）工业控制自动化系统，从综合自动化控制技术的应用方面，评估项目的自动化水平及先进性。

6）地面辅助生产（矿井机电设备修理车间、综采设备中转库、木材加工房等）及附属生活设施（行政、生活福利设施等）及建筑节能等方面的评估。

辅助及附属生产系统能耗情况表

生产系统名称	设备工作容量（kW）	年耗电量（10⁴kWh）	年耗油量（t）	系统能耗指标	备注
供配电系统					
给排水系统					
供热系统					
矸石处置系统					
合计					

（2）对于该扩建项目，评估项目是否能充分利用已有项目的基础设施和公共设施等情况，需在已有基础上进一步优化布置，避免重复建设和浪费。

（3）各项评估内容格式应按照：评估前……，评估认为（发现存在哪些节能方面的问题）……，评估提出……节能措施，评估后调整为……（节能评估报告中提出的调整措施，视为项目建设单位认可并落实的节能措施，对于没有采用的或不能落实的节能措施但评估认为重要的，放在第七章建议部分说明）。

3.5 主要耗能设备能效水平评估

列出各生产系统的主要耗能设备型号、技术参数等，对比有关设备的能效标准，或同类行业类似项目采用的先进设备，评估项目主要耗能设备的能效水平及先进性，提出评估结论和建议。

【评估要点】

（1）针对矿井及选煤厂项目，矿井主要耗能设备如采煤机、刮板输送机、破碎机、转载机、带式输送机、提升机、通风机、水泵、空气压缩机及所配电机等，选煤厂主要耗能设备如传输设备、筛分设备、破碎机、渣浆泵、脱水设备、快速装车系统设备及所配电机等，评估所选用设备是否采用国家节能产品推荐目录中的产品，并评估设备能效水平及先进性。

（2）对于煤炭行业的生产工艺设备，有些设备目前还没有设备能效等级标准可以对比评估，宜采取类比分析方法，与近期同类项目采用的先进设备的能效水平进行类比评估，必要时可向有关设备生产厂商获取设备的技术参数及能效水平，评估设备能效水平及先进性。

（3）对于项目采用的通用设备如通风机、清水泵、空气压缩机、冷水机组、变压器、工业锅炉等，与国家相关设备能效等级标准对标分析，评估设备能效水平及先进性（部分样表如下）；对于不属于国家节能产品的设备，需提出明确的修改意见。

通用设备能效水平评估可参照如下标准（标准如有更新，请参照最新标准）：

《通风机能效限定值及能效等级》（GB 19761—2009）；
《清水离心泵能效限定值及节能评价值》（GB 19762—2007）；
《容积式空气压缩机能效限定值及能效等级》（GB 19153—2009）；
《冷水机组能效限定值及能源效率等级》（GB 19577—2004）；
《热泵热水机（器）能效限定值及能效等级》（GB 29541—2013）；
《电力变压器能效限定值及能效等级》（GB 24790—2009）；
《三相配电变压器能效限定值及节能评价值》（GB 20052—2013）；
《工业锅炉能效限定值及能效等级》（GB 24500—2009）等。

变压器能效水平对比表

设备名称	型号	损耗参数		评估依据	对标参数		评估结论
		空载损耗	负载损耗		空载损耗	负载损耗	
主变压器							
配电变压器							

通风机能效水平对比表

设备名称	型式	轮毂比	压力系数	比转速	效率	评估依据	评估结论
通风机							

水泵能效水平对比表

设备名称	型式	流量	比转速	未修正效率值	修正效率值	规定点效率值	评估依据	评估结论
清水泵								

（4）列出主要用能设备能效水平总表。

3.6 本章评估小结

对本章内容进行小结。

4 节能措施评估

4.1 评估前项目采用的节能技术措施及效果评估

说明评估前项目在选址、总平面布置、建设方案、工艺技术、设备、节能措施等方面，采用的节能技术措施，并进行评估。

【评估要点】

根据项目建设方案，重点在节能新技术、新工艺、新设备应用，余热、余压、可燃气体回收利用、资源综合利用，可再生能源利用等，从以下几个方面评估采取的节能措施，并分析节能技术措施的合理性、可行性及节能量。

（1）评估矿井工业场地选址，总平面布置的节能措施；

（2）评估开拓、开采节能技术措施，包括开拓方式、巷道布置、采煤方法及采掘、运输、通风、排水、压风、瓦斯抽采、地面生产设施等采取的工艺技术及设备方面采取的节能措施；

（3）煤炭洗选加工节能技术措施，评估选煤厂工艺技术、设备等方面采取的节能措施；

（4）供配电系统节能措施；

（5）供热通风空调系统采取的节能技术措施，主要设备选型合理性及能效评估，管道保温及结构设置等措施；

（6）给排水及水处理系统采取的节能技术措施；

（7）综合自动化系统节能技术措施；

（8）地面建筑节能技术措施，主要包括工业建（构）筑物、工业建筑节能分析、行政、生活福利设施建（构）筑物、行政、生活福利设施建（构）筑物等建筑围护结构、保温隔热及通风节能措施等；

（9）照明、电气等方面的具节能措施；

（10）资源综合利用技术措施，如水资源综合利用，包括矿井水、生活污水等；煤矸石级及煤泥综合利用，包括掘进矸石、选煤矸石、煤泥、抽采瓦斯（如果有）综合利用、余热利用等。

4.2 评估后提出的节能技术措施及效果评估

说明经过评估，针对评估前项目在节能方面尚存在的问题、可以改善的环节等，评估提出相应的节能措施及节能效果。

【评估要点】

（1）经过评估，提出项目在节能方面尚存在的问题、可以改善的环节等。

（2）针对项目在节能方面尚存在的问题、可以改善的环节等，重点从建设方案、工艺技术、主要设备选型及能效水平、节能措施等方面，评估前报告中没有挖掘的节能潜力，进一步提出相应的节能措施，并评估所提出的节能措施的针对性、可操作性和经济合理性，测算节能量。

（3）测算节能管理措施等产生的节能效果，并进行成本、经济效益测算，评估采取的节能技术措施的合理性。

附：评估后提出的主要节能措施、效果及成本效益分析表。

评估后提出的主要节能措施及节能量汇总表

系统名称	节能措施	节能量（tce）	投资（万元）	备注

4.3 节能管理措施

论述项目节能管理措施、能源计量等方面采取的措施与方案，并进行评估。

【评估要点】

（1）按照《能源管理体系要求》（GB/T 23331）、《工业企业能源管理导则》（GB/T 15587）等的要求，提出项目能源管理体系建设方案，能源管理中心建设以及能源统计、监控等节能管理方面的制度、措施和要求，节能管理机构和人员的设置情况等。

（2）按照《用能单位能源计量器具配备和管理通则》（GB/T 17167）等标准要求，评估项目能源计量器具配备情况，能源计量相关管理规定，能源统计、专业人员配置等方面采取节能管理制度、措施，并对不完善的地方提出补充建议。

（3）测算节能管理措施等产生的节能效果，并进行成本、经济效益测算，评估采取的节能管理措施的合理性。

附：节能管理措施、效果及成本效益分析一览表。

4.4 单项节能工程

项目在瓦斯综合利用电站、水源热泵、矸石综合利用等资源综合利用方面等未纳入建设项目主导工艺流程和拟分期建设的节能工程。

【评估要点】

未纳入建设项目主导工艺流程和拟分期建设的节能工程，详细论述工艺流程、设备选型、单项工程节能量计算、单位节能量投资、投资估算及投资回收期等。

4.5 本章评估小结

对本章内容进行小结。

5 项目综合能耗及能耗指标评估

5.1 节能评估前项目综合能耗及能耗指标

说明节能评估前，项目的综合能耗及单位产品能耗指标等基本情况。

【评估要点】

说明节能评估前项目的能源消费种类及综合能耗情况（当量值、等价值），以及矿井、选煤厂的单位产品能耗指标等。

5.2 节能评估后项目综合能耗及能耗指标

节能评估后项目能源消耗及能耗指标情况。

【评估要点】

（1）结合评估后采取的节能措施及节能量（当量值），估算节能评估后项目年综合能耗量（当量值）以及单位产品能耗（当量值）、单位投资能耗（等价值）、单位增加值能耗（等价值）等指标，结合有关能耗指标标准，对项目单位产品能耗指标及先进性进行评估。

（2）说明节能评估后能源加工、转换和利用情况。根据《企业能量平衡网络图绘制方法》（GB/T 28749—2012）和《企业能量平衡表编制方法》（GB/T 28751—2012），编制企业能量平衡网络图、企业能量平衡表，分析项目能源加工、转换和利用情况。

附：企业能量平衡网络图、企业能量平衡表。

5.3 项目综合能耗及能耗指标评估

项目单位产品能耗指标是最终反映项目用能水平高低的一个综合性指标，是项目用能情况的关键指标，也是节能评估的重点，反映项目采取各种节能措施后的综合节能效果。

可采用标准对照法、类比分析法、专家判断等三种方法，通过与现行国家标准、行业标准、地方标准、产业政策规定或同类项目的先进水平数据进行对比分析，评估项目能耗指标的先进性。

可参考标准：《煤炭井工开采单位产品能耗限额》（GB 29444—2012）；《选煤电力消耗限额》（GB 29446—2012）等。

评估后项目用能情况表

能源种类	单位	年需要实物量	折标系数	折标煤量（tce）
电	10^4 kWh		（当量值）	
			（等价值）	
煤	t			
热力	GJ			
柴油	t			
新水	$10^4 m^3$			
项目年综合能源消耗总量（tce）			当量值	
			等价值	

评估前、后项目能耗指标对比评估表（样表）

指标名称	单位	项目（评估前）	项目（评估后）	新建准入值	国内先进水平	国际先进水平	评估结论
矿井单位产品综合能耗	kgce/t						
矿井单位产品电耗	kWh/t						
选煤单位产品电耗	kWh/t						

5.4 本章评估小结

对本章内容进行小结。

6 项目能源消费及对所在地影响评估

6.1 项目能源供应及落实情况

结合项目所在地的电力、热力、煤炭、燃油等供应及消费需求情况，说明项目用能的供应条件及落实情况。

6.2 项目对所在地能源消费增量的影响评估

根据项目所在地节能目标、单位地区生产总值能耗、地区生产总值、国民经济发展规划、能源发展规划等资料，查找项目所在地省、市两级能源消费增量限额。

估算项目综合能源消费量占所在地能源消费增量的比重，评估项目综合能耗量对项目所在地省、市两级能源消费增量的影响。

6.3 项目对所在地完成节能目标的影响评估

估算项目工业总产值和工业增加值。估算项目单位增加值能耗（等价值），评估项目单位增加值能耗对项目所在地实现节能目标的影响。

7 结论

参考以下内容进行总结：
（1）项目能源消费种类、数量及综合能耗量；
（2）节能评估后项目的能耗指标，在行业所处的水平；
（3）项目节能措施实现的节能量；
（4）项目综合能源消费量对项目所在地能源消费的影响；
（5）根据节能评估情况，除了在以上章节中发现并解决的问题外，针对项目在建设方案、工艺技术和节能管理措施等方面可能存在的问题，目前还没有解决及具有可操作性的问题，并提出相关的建议。参考以上内容的评估结论进行总结。

8 附件

附件应列出相关图表、原始数据等必要的支持性文件，一般应包括下列内容：

1. 可行性研究报告审查意见
2. 可采煤层范围及利用厚度等值线图
3. 工业场地选址方案图
4. 工业场地总平面布置图
5. 井田开拓布置图
6. 采区巷道布置平面图
7. 选煤工艺原则流程图
8. 供电系统地理接线图
9. 能源计量器具一览表

参 考 资 料

1. 煤炭产业政策

（国家发展和改革委员会公告 2007 年第 80 号）

煤炭是我国的主要能源和重要工业原料。煤炭产业是我国重要的基础产业，煤炭产业的可持续发展关系国民经济健康发展和国家能源安全。为全面贯彻落实科学发展观，合理、有序开发煤炭资源，提高资源利用率和生产力水平，促进煤炭工业健康发展，根据《中华人民共和国煤炭法》、《中华人民共和国矿产资源法》和《国务院关于促进煤炭工业健康发展的若干意见》（国发〔2005〕18 号）等法律和规范性文件，制定本政策。

第一章 发展目标

第一条 坚持依靠科技进步，走资源利用率高、安全有保障、经济效益好、环境污染少的煤炭工业可持续发展道路，为全面建设小康社会提供能源保障。

第二条 深化煤炭资源有偿使用制度改革，加快煤炭资源整合，形成以合理开发、强化节约、循环利用为重点，生产安全、环境友好、协调发展的煤炭资源开发利用体系。

第三条 严格产业准入，规范开发秩序，完善退出机制，形成以大型煤炭基地为主体、与环境和运输等外部条件相适应、与区域经济发展相协调的产业布局。

第四条 深化煤炭企业改革，推进煤炭企业的股份制改造、兼并和重组，提高产业集中度，形成以大型煤炭企业集团为主体、中小型煤矿协调发展的产业组织结构。

第五条 推进煤炭技术创新体系建设，建立健全以市场为导向、企业为主体、产学研相结合的煤炭技术创新机制，形成一批具有自主知识产权的行业重大关键技术。培育科技市场，发展服务机构，形成完善的技术创新服务体系。

第六条 强化政府监管，落实企业主体责任，依靠科技进步，以防治瓦斯、水、火、煤尘、顶板、矿压等灾害为重点，健全煤矿安全生产投入及管理的长效机制。

第七条 加强煤炭资源综合利用，推进清洁生产，发展循环经济，建立矿区生态环境恢复补偿机制，建设资源节约型和环境友好型矿区，促进人与矿区和谐发展。

第八条 推进市场化改革,完善煤炭市场价格形成机制,加强煤炭生产、运输、需求的衔接,促进总量平衡,形成机制健全、统一开放、竞争有序的现代煤炭市场体系。

第二章 产业布局

第九条 根据国民经济和社会发展规划总体部署,按照煤炭工业发展规划、矿产资源规划、煤炭生产开发规划、煤矿安全生产规划、矿区总体规划,合理、有序开发和利用煤炭资源。

第十条 稳定东部地区煤炭生产规模,加强中部煤炭资源富集地区大型煤炭基地建设,加快西部地区煤炭资源勘查和适度开发。建设神东、晋北、晋中、晋东、陕北、黄陇(华亭)、鲁西、两淮、河南、云贵、蒙东(东北)、宁东等十三个大型煤炭基地,提高煤炭的持续、稳定供给能力。

第十一条 大力推进煤炭、煤层气等资源的协调开发和基础设施的高效利用。在大型煤炭基地内,一个矿区原则上由一个主体开发,一个主体可以开发多个矿区。按照资源禀赋、运输、水资源等条件和环境承载能力确定区域煤炭开发规模和开发强度,在大型整装煤田和资源富集地区优先建设大型和特大型现代化煤矿。

第十二条 鼓励建设坑口电站,优先发展煤、电一体化项目,优先发展循环经济和资源综合利用项目。新建大中型煤矿应当配套建设相应规模的选煤厂,鼓励在中小型煤矿集中矿区建设群矿选煤厂。

第十三条 在水资源充足、煤炭资源富集地区适度发展煤化工,限制在煤炭调入区和水资源匮乏地区发展煤化工,禁止在环境容量不足地区发展煤化工。国家对特殊和稀缺煤种实行保护性开发,限制高硫、高灰煤炭资源开发。

第三章 产业准入

第十四条 开办煤矿或者从事煤炭和煤层气资源勘查,从事煤矿建设项目设计、施工、监理、安全评价等,应当具备相应资质,并符合法律、法规规定的其他条件。煤矿资源回收率必须达到国家规定标准,安全、生产装备及环境保护措施必须符合法律法规的规定。

第十五条 山西、内蒙古、陕西等省(区)新建、改扩建矿井规模不低于120万吨/年。重庆、四川、贵州、云南等省(市)新建、改扩建矿井规模不低于15万吨/年。福建、江西、湖北、湖南、广西等省（区）新建、改扩建矿井规模不低于9万吨/年。其他地区新建、改扩建矿井规模不低于30万吨/年。鉴于当前小煤矿数量多、布局不合理、破坏资源和环境的状况尚未根本改善，煤矿安全生产形势依然严峻，"十一五"期间一律停止核准（审批）30万吨/年以下的新建煤矿项目。

第十六条　煤矿企业应当按照国家规定，配置地矿类主体专业人员，特种作业人员必须按照国家有关规定取得相应资质。鼓励煤矿企业从技术学校招收工人。

第四章　产业组织

第十七条　取缔非法煤矿，关闭布局不合理、不符合产业政策、不具备安全生产条件、乱采滥挖破坏资源、污染环境和造成严重水土流失的煤矿。

第十八条　鼓励以现有大型煤炭企业为核心，打破地域、行业和所有制界限，以资源、资产为纽带，通过强强联合和兼并、重组中小型煤矿，发展大型煤炭企业集团。鼓励发展煤炭、电力、铁路、港口等一体化经营的具有国际竞争力的大型企业集团。鼓励大型煤炭企业参与冶金、化工、建材、交通运输企业联营。鼓励中小型煤矿整合资源、联合改造，实行集约化经营。

第十九条　鼓励煤炭企业进一步完善法人治理结构，按照现代企业制度要求积极推进股份制改造，转换经营机制，提高管理水平。

第二十条　积极引导资源枯竭矿区经济转型，支持资源枯竭、亏损严重的国有煤矿转产发展。建立中小型煤炭生产企业退出机制。鼓励和支持资源枯竭煤矿发挥人才、技术和管理等优势，异地开发煤炭资源。

第五章　产业技术

第二十一条　鼓励发展地球物理勘探、高精度三维地震勘探技术。鼓励发展厚冲积层钻井法、冻结法和深井快速建井技术。

第二十二条　鼓励采用高新技术和先进适用技术，建设高产高效矿井。鼓励发展露天矿开采技术。鼓励发展综合机械化采煤技术，推行壁式采煤。发展小型煤矿成套技术以及薄煤层采煤机械化、井下充填、"三下"采煤、边角煤回收等提高资源回收率的采煤技术。鼓励开展急倾斜特厚煤层水平分段综采放顶煤技术的研究。鼓励低品位、难采矿的地下气化等示范工程建设。

第二十三条　加快推进小型煤矿采煤工艺和支护方式改革，推广锚杆支护和采煤工作面金属支护，淘汰木支护。加快发展安全、高效的井下辅助运输技术、综采设备搬迁技术和装备。

第二十四条 发展自动控制、集中控制选煤技术和装备。研制和发展高效干法选煤技术、节水型选煤技术、大型筛选设备及脱硫技术，回收硫资源。鼓励水煤浆技术的开发及应用。

第二十五条 鼓励煤炭企业实施以产业升级为目的的技术改造。鼓励通过多种方式进行煤炭勘探、开采、洗选加工、转化等关键技术和重大装备的研发、集成和自主化生产。

第二十六条 推进煤炭企业信息化建设，利用现代控制技术、矿井通讯技术，实现生产过程自动化、数字化。推进建设煤矿安全生产监测监控系统、煤炭产量监测系统和井下人员定位管理系统。

第六章 安全生产

第二十七条 坚持安全第一、预防为主、综合治理的安全生产方针，落实企业安全生产的主体责任和法定代表人的安全生产第一责任人责任。煤炭企业应当严格遵守法律、法规，以及有关国家标准或者行业标准，强化现场管理，严禁超能力、超强度、超定员组织生产，遏制事故发生。煤炭生产企业未取得安全生产许可证的，不得从事煤炭生产活动。

第二十八条 建立健全矿井通风、防瓦斯、防突、防火、防尘、防水、防洪等系统。坚持先抽后采、监测监控、以风定产的煤矿瓦斯治理方针，落实优先开采保护层和预抽煤层瓦斯等区域性防突措施，提高瓦斯抽采率。坚持预测预报、有疑必探、先探后掘、先治后采的煤矿水害防治原则，落实防、堵、疏、排、截等综合治理措施。加强煤矿冲击地压监测控制和顶板事故防范。

第二十九条 建立健全煤矿重大事故隐患排查、治理和报告制度。建立和完善灾害预防和应急救援体系。坚持煤矿负责人和生产经营管理人员下井带班制度。

第三十条 严格执行煤矿建设项目安全设施与主体工程"三同时"制度。煤炭生产各环节必须配备必要的安全卫生防护设施，有较大危险因素的生产经营场所和有关设施、设备上必须设置明显的安全警示标志，禁止使用不符合安全标准的工艺、设备。对煤矿井下和有关设备、器材实行安全标志管理制度。

第七章 贸易与运输

第三十一条 严格煤炭经营企业资格审查，促进煤炭经营企业结构优化，形成以煤炭生产企业和大型煤炭经营企业为主体、中小型煤炭经营企业为补充的协调发展格局。

第三十二条 积极推进煤炭贸易市场化改革，建立健全煤炭交易市场体系，完善煤炭价格市场形成机制，制定公平交易规则。建立全国和区域性煤炭交易中心及信息发布平台，鼓励煤炭供、运、需三方建立中长期合作关系，引导合理生产、有序运输和均衡消费。稳步发展国际煤炭贸易，优化煤炭进出口结构，鼓励企业到国外投资办矿。

第三十三条 积极发展铁路、水路煤炭运输，加快建设和改造山西、陕西、内蒙古西部出煤通道和北方煤炭下水港口，提高煤炭运输能力。限制低热值煤、高灰分煤长距离运输。煤炭运输应当采取防尘、防洒漏措施。

第八章 节约利用与环境保护

第三十四条 实施节约优先的发展战略，加快资源综合利用，减少煤炭加工利用过程中的能源消耗，提高煤炭资源回采率和利用效率。

第三十五条 加强节能和能效管理，建立和完善煤炭行业节能管理、评价考核、节能减排和清洁生产奖惩制度。鼓励煤炭企业开发先进适用节能技术，煤炭企业新建、改扩建项目必须按照节能设计规范和用能标准建设，必须淘汰落后耗能工艺、设备和产品，推广使用符合国家能效标准、经过认证的节能产品。

第三十六条 按照减量化、再利用、资源化的原则，综合开发利用与煤共伴生资源和煤矿废弃物。鼓励企业利用煤矸石、低热值煤发电、供热，利用煤矸石生产建材产品、井下充填、复垦造田和筑路等，综合利用矿井水，发展循环经济。支持煤层气（煤矿瓦斯）长输管线建设，鼓励煤层气（煤矿瓦斯）民用、发电、生产化工产品等。

第三十七条 煤炭资源的开发利用必须依法开展环境影响评价，环保设施与主体工程要严格实行项目建设"三同时"制度。按照谁开发、谁保护，谁损坏、谁恢复，谁污染、谁治理，谁治理、谁受益的原则，推进矿区环境综合治理，形成与生产同步的水土保持、矿山土地复垦和矿区生态环境恢复补偿机制。

第三十八条 煤炭采选、贮存、装卸过程中产生的污染物必须达标排放，防止二次污染。加强煤矿瓦斯抽采利用和减少排放。洗煤水应当实现闭路循环。优化巷道布置，减少井下矸石产出量。

第三十九条 建立矿区开发环境承载能力评估制度和评价指标体系。严格执行煤矿环境影响评价、水土保持、土地复垦和排污收费制度。限制在地质灾害高易发区、重要地下水资源补给区和生态环境脆弱区开采煤炭,禁止在自然保护区、重要水源保护区和地质灾害危险区等禁采区内开采煤炭。加强废弃矿井的综合治理。

第四十条 加强对在矿山开发过程中可能诱发灾害的调查、监测及预报预警,及时采取有效的防治措施。建立信息网络系统,制定防灾减灾预案。

第九章 劳动保护

第四十一条 煤炭生产企业应当参加工伤保险社会统筹,建立和完善工伤预防、补偿、康复相结合的工伤保险制度体系。落实煤矿井下艰苦岗位津贴制度,逐步提高煤矿职工收入水平。

第四十二条 加强劳动用工和定员管理,推广井下四班六小时工作制。推进矿井质量标准化建设,改善井下作业环境。为井下工人配备符合国家标准或者行业标准的劳动保护用品。

第四十三条 鼓励煤炭生产企业加大安全和尘肺病等职业病防治投入。发展和推广职业病防治、职业安全和劳动保护技术的研究和应用。建立健全职业健康管理和职业病危害控制体系。

第十章 保障措施

第四十四条 完善有利于提高煤矿安全生产水平和煤炭资源利用率、促进煤炭工业健康发展的税费政策,完善资源勘查、开发和综合利用的税收优惠政策。实行严格的煤炭资源利用监管制度,对煤炭资源回采率实行年度核查、动态监管,对达不到国家规定标准的,依照有关法律法规予以处罚。

第四十五条 煤炭资源开发坚持先规划、后开发的原则。国家统一管理煤炭资源一级探矿权市场,由国家投资完成煤炭资源的找煤、普查和必要详查,编制矿区总体开发规划和矿业权设置方案,有计划地将二级探矿权和采矿权转让给企业,形成煤炭资源勘查投入良性循环机制。中央地质勘查基金(周转金)重点支持国家确定的重点成矿区(带)内煤炭资源勘查。

第四十六条 支持煤炭企业建立技术开发中心,增强自主创新能力。煤矿企业可以从煤炭产品销售收入中提取一定比例资金,用于技术创新和技术改造。推进煤炭生产完全成本化改革,严格煤矿维简费、煤炭生产安全费用提取使用和安全风险抵押金制度。按照企业所有、专款专用、专户储存、政府监督的原则，煤矿企业应按规定提取环境治理恢复保证金。鼓励社会资金投入矿区环境治理。

第四十七条 实施煤炭行业专业技术人才知识更新工程，加强国家煤矿专业人才继续教育、培养基地建设和专业人才培养，实施煤炭行业技能型紧缺人才培养培训工程，完善对口单招和订单式培养。规范煤矿从业人员职业资格管理，鼓励企业开展全方位、多层次的职工安全、技术教育培训。

第四十八条 支持煤炭企业分离办社会职能，加快企业主辅分离。支持煤矿企业提取煤矿转产发展资金，专项用于发展接续产业和替代产业。

第四十九条 对不符合规划和产业发展方向的建设项目，国土资源部门不予办理矿业权登记和土地使用手续，环保部门不予审批环境影响评价文件和发放排污许可证，水利部门不予审批水土保持方案文件，工商管理部门不予办理工商登记，金融机构不予提供贷款和其他形式的授信支持，投资主管部门不予办理核准手续。

第五十条 发挥中介组织作用。煤炭行业协会应当建立和完善煤炭市场供求、技术经济指标等方面的信息定期发布制度和行业预警制度，及时反映行业动态和提出政策建议，加强行业自律，引导企业发展。

本政策由国家发展和改革委员会负责解释。煤炭工业有关管理部门可以依据本政策制订相关技术标准和规范。

本政策自发布之日起实施。

2. 特殊和稀缺煤类开发利用管理暂行规定

（国家发展和改革委员会 2012 年第 16 号令）

第一章 总 则

第一条 为保护和合理开发利用特殊和稀缺煤类，根据《中华人民共和国煤炭法》及有关规定，制定本规定。

第二条 在中华人民共和国境内从事特殊和稀缺煤类的开发建设、生产管理、加工利用等活动，必须遵守本规定。

第三条 本规定所称的特殊和稀缺煤类，是指具有某种煤质特征、特殊性能和重要经济价值，资源储量相对较少的煤炭种类，包括肥煤、焦煤、瘦煤和无烟煤等。

国家发展改革委、能源局根据国民经济发展需要，适时公布特殊和稀缺煤类矿区范围（首批公布的特殊和稀缺煤类矿区范围见附件）。

第四条 国家对特殊和稀缺煤类实行保护性开发利用，坚持统一规划、有序开发、总量控制、高效利用的原则，禁止乱采滥挖和浪费行为。

第五条 县级以上煤炭行业管理部门负责特殊和稀缺煤类开发利用的监督管理。

第二章 开 发 建 设

第六条 国家对特殊和稀缺煤类实行生产总量控制，并加强规划管理，优化开发布局。

按照国家的总体要求，省级煤炭行业管理部门可以根据资源储量、市场供需、利用方向等，安排本地区煤炭企业特殊和稀缺煤类的产量。

第七条 特殊和稀缺煤类矿区的资源开发由中方控股。

第八条 特殊和稀缺煤类优先采用露天开采。矿区均衡生产服务年限不得低于矿区规范规定的 1.2 倍。

第九条 特殊和稀缺煤类煤矿的设计服务年限不得低于煤矿设计规范规定的 1.2 倍。

第十条 新建大中型特殊和稀缺煤类煤矿投产后 10 年内，原则上不得通过改扩建、技术改造（产业升级）、资源整合（兼并重组）和生产能力核定等方式提高生产能力。

第十一条 在特殊和稀缺煤类采区范围内不得建设公用工程或者其他工程，确需压覆煤炭资源建设的，应当与煤矿企业充分协商，由省级煤炭行业管理部门报国务院煤炭行业管理部门同意后，方可批准建设，并由建设单位依法对压占资源及其他损失予以补偿。

在未设采区的特殊和稀缺煤类矿区范围内，确需建设公用工程或者其他工程的，由省级煤炭行业管理部门报国务院煤炭行业管理部门备案后，方可组织施工建设。

第三章 生产管理

第十二条 国家鼓励开展极薄煤层、薄煤层、厚煤层等开采技术研究，鼓励生产企业采用无煤柱、充填等开采技术，提高资源回采率。

特殊和稀缺煤类矿井采区回采率：薄煤层不低于88%，中厚煤层不低于83%，厚煤层不低于78%。

第十三条 生产企业不得超能力生产，不得使用落后工艺，不得采厚弃薄、采易弃难。

第十四条 国家鼓励生产企业在安全、合理、经济的前提下，对特殊和稀缺煤类进行复采或者开采边角残煤和极薄煤层等。

第十五条 生产企业应当制定管理制度，对采区回采率完成情况进行考核。

省级煤炭行业管理部门应当定期对生产企业采区回采率等进行考核，并将考核结果抄报国务院煤炭行业管理部门。

第十六条 国家对在特殊和稀缺煤类保护和开采工作中做出突出贡献的单位和个人给予奖励。

达到本规定要求且考核优秀的生产企业，国家发展改革委在煤矿项目核准等方面给予优先安排。

第十七条 因地质条件、安全条件等原因，造成采区或者工作面资源无法开采回收的，生产企业应当及时制定处理方案，报省级煤炭行业管理部门审查批准后方可核销。省级煤炭行业管理部门应当将审查结果抄报国务院煤炭行业管理部门，并抄送同级国土资源管理部门。

第十八条 省级煤炭行业管理部门负责审查生产企业的煤矿储量年度报告，将审查结果抄报国务院煤炭行业管理部门，并抄送同级国土资源管理部门。

第四章 加 工 利 用

第十九条 国家鼓励开展选煤技术研发，提高精煤产率。特殊和稀缺煤类应当全部洗选。

第二十条 经洗选加工的优质特殊和稀缺煤类应当优先用于冶金、化工、材料等行业。限制特殊和稀缺煤类作为燃料直接利用。

第五章 法 律 责 任

第二十一条 违反本规定要求，未达到规定回采率的，由煤炭行业管理部门责令限期改正；逾期仍达不到规定回采率的，吊销其煤炭生产许可证。

第二十二条 生产企业有下列情形之一的，由省级煤炭行业管理部门责令限期改正；逾期不改正的，处三万元的罚款。

（一）超过省级煤炭行业管理部门安排的产量限额进行生产的；

（二）未按照本规定第十七条要求制定处理方案并报审核；

（三）未按照本规定第十八条要求报送煤矿储量年度报告。

第二十三条 国家机关工作人员违反本规定，徇私舞弊、玩忽职守、滥用职权的，由其所在机关或者上级机关依法给予处分；构成犯罪的，由司法机关依法追究刑事责任。

第六章 附 则

第二十四条 本规定所称的生产企业，是指从事特殊和稀缺煤类生产的煤矿企业。

第二十五条 本规定由国家发展改革委、能源局负责解释。

第二十六条 省级煤炭行业管理部门可以依据本规定，结合本地区实际制定实施细则，并报国务院煤炭行业管理部门备案。

第二十七条 本规定自发布之日起 30 日后施行。

附件：

特殊和稀缺煤类矿区范围

省（区、市）	矿区名称	主要煤类	备 注
北京	京西	无烟煤	
河北	开滦	肥煤、焦煤	
	峰峰	肥煤、焦煤，瘦煤	
	邢台	焦煤，瘦煤	
山西	西山	焦煤、肥煤、瘦煤	
	汾西	肥煤、焦煤、瘦煤	
	霍州	肥煤、焦煤、瘦煤	
	霍东	焦煤、瘦煤	
	离柳	焦煤、肥煤、瘦煤	
	乡宁	肥煤、焦煤、瘦煤	
	晋城	无烟煤	
	阳泉	无烟煤	
	潞安	瘦煤	
内蒙古	乌海	肥煤、焦煤	
	包头	焦煤	
辽宁	沈阳	焦煤、肥煤、瘦煤	
黑龙江	鸡西	焦煤、肥煤	
	鹤岗	焦煤	
	七台河	焦煤、肥煤、瘦煤	
江苏	徐州	肥煤、焦煤	
	丰沛	肥煤	
安徽	淮北	肥煤、焦煤、瘦煤	

续表

省（区、市）	矿区名称	主要煤类	备 注
山东	兖州	肥煤	
	新汶	肥煤	
	枣滕	肥煤	
	巨野	焦煤、肥煤	
	黄河北	焦煤、肥煤、瘦煤、无烟煤	
河南	平顶山	肥煤、焦煤	
	永夏	无烟煤	
	安鹤	瘦煤、无烟煤	
	焦作	无烟煤	
重庆	南桐	焦煤	
	天府	焦煤	
	永荣	焦煤	
四川	攀枝花	焦煤、瘦煤	
贵州	盘江	肥煤、焦煤、瘦煤	
	水城	肥煤、焦煤、瘦煤	
云南	恩洪	焦煤、瘦煤、无烟煤	
陕西	韩城	焦煤、瘦煤、无烟煤	
青海	木里	肥煤、焦煤、瘦煤	
宁夏	石炭井	焦煤	
	汝箕沟	无烟煤	包括内蒙古古拉本
新疆	阿艾	焦煤	
	温宿博孜敦	肥煤、焦煤、无烟煤	
	艾维尔沟	肥煤、焦煤、瘦煤	
	巴里坤	肥煤、焦煤	
	拜城	焦煤	

注：1/3 焦煤和气肥煤分别列入焦煤和肥煤之中。

3. 生产煤矿回采率管理暂行规定

（国家发展和改革委员会2012年第17号令）

第一章 总 则

第一条 为合理开发和保护煤炭资源，提高煤炭资源回采率，根据《中华人民共和国煤炭法》及有关规定，制定本规定。

第二条 本规定适用于在中华人民共和国境内从事煤炭生产的煤矿企业。

第三条 煤矿企业应当执行煤炭开采相关规定，遵循合理开采程序，加强煤炭资源管理，达到本规定要求的煤炭资源回采率。

第四条 煤矿企业主要负责人对本企业生产煤矿回采率负第一责任人责任，总工程师负技术责任。

第五条 国家发展改革委、国家能源局负责全国生产煤矿回采率的监督管理。

县级以上地方人民政府煤炭行业管理部门负责本行政区域内生产煤矿回采率的监督管理。

第六条 煤矿设计单位应当严格执行有关规定，采区设计回采率不得低于本规定的要求。

第二章 回采率标准

第七条 生产煤矿回采率的确定应当坚持安全效益、分类指导的原则，煤矿企业必须合理开采煤炭资源。

第八条 煤矿企业必须开采井田范围内的可采煤层。可采煤层的标准如下表：

项目		煤种 标准	炼焦用煤	长焰/不粘/粘/贫煤	无烟煤	褐煤
最低可采厚度（m）	井工开采	煤层倾角 <25°	0.7	0.8	0.8	1.5
		25°~45°	0.6	0.7	0.7	1.4
		>45°	0.5	0.6	0.6	1.3
	露天开采		1.0			
最高可采灰分 A_d（%）			40			
最低可采发热量 $Q_{net,d}$（MJ/kg）			—	17.0	22.1	15.7

缺煤地区可采煤层标准，由省级煤炭行业管理部门依据有关规定，结合本地区实际情况制定。

第九条 具备下列情形之一的可采煤层，经具有相关资质单位论证并报请省级煤炭行业管理部门批准，可以不采或者暂时不采：

（一）具有重大灾害威胁的（水、火、冲击地压、煤与瓦斯突出等）；

（二）受地质构造影响严重、岩浆侵蚀破坏严重、不稳定煤层局部达到可采厚度的孤立块段，开采其他煤层又不会造成破坏的；

（三）受其他煤矿、煤层开采影响，无法安全开采或者开采极为困难的。

第十条 生产煤矿回采率主要考核采区回采率。采区回采率按如下公式计算：

$$采区回采率 = \frac{采区采出煤量（t）}{采区动用煤量（t）} \times 100\%$$

采区采出煤量是指采区内所有工作面采出煤量与掘进煤量之和。

采区动用储量是指采区采出煤量与损失煤量之和。

第十一条 井工煤矿采区回采率标准：

煤层厚度	考核指标
≤1.3m	≥85%
1.3-3.5m	≥80%
≥3.5m	≥75%

第十二条 露天煤矿采区回采率标准：

煤层厚度	考核指标
≤1.3m	≥70%
1.3~3.5m	≥80%
3.5~6.0m	≥85%
≥6.0m	≥95%

第十三条 具备下列情形之一的煤矿，由省级煤炭行业管理部门组织对其回采率考核指标进行评估修正，并报国务院煤炭行业管理部门备案：

（一）地质构造复杂，厚煤层、中厚煤层和薄煤层的水文地质损失量分别超过可采储量20%、15%和10%的；

（二）煤层赋存不稳定，采区可采范围经井下勘探证实不足采区开采范围50%的；

（三）开采"三下一上"（铁路下、水体下、建（构）筑物下和承压水体上）煤层的。

第三章 回采率管理

第十四条 煤矿企业应当建立健全生产煤矿回采率管理制度，依照国家有关规定编制生产煤矿回采率管理图表和台账。

第十五条 煤矿企业应当健全回采率管理机构，配备回采率管理人员，负责本单位回采率管理工作。

第十六条 煤矿企业应当根据地质条件和煤层赋存状况，选择合理的采煤方法，不得吃肥丢瘦、浪费煤炭资源。

第十七条 矿井开采煤层群时，应当按照由上而下的顺序进行开采，不得弃采薄煤层。确需反顺序开采的，经具有相关资质单位论证并报请省级煤炭行业管理部门批准后实施。

第十八条 具备分层开采的缓倾斜厚煤层，原则上应当坚持分层开采。

对采用一次采全高开采的厚煤层，不得丢顶煤、底煤或者用煤皮作假顶。

第十九条 凡有条件的新矿井、新水平和新采区，应当优先集中开拓，联合布置，实现合理集中生产；应当不断优化采区设计，合理加大水平、阶段垂高与采区走向长度和工作面长度，改进巷道布置，减少煤柱损失。

第二十条　矿井留设保护煤柱必须符合有关规定，经批准的煤柱不得随意扩大。

鼓励有条件的矿井采用无煤柱开采、充填开采等开采技术。

第二十一条　薄煤层优先采用机械化开采，提高资源回采率。

第二十二条　煤矿企业应当定期组织开展生产煤矿回采率检查，并将采区回采率作为考核企业领导班子成员、管理人员及从业人员的重要指标。

煤矿企业应当定期开展回采率评优活动，对成绩突出的集体和个人给予奖励。

第四章　监督检查

第二十三条　实行煤矿储量、损失量年报和采区回采率月报、季报、年报制度，具体办法由省级煤炭行业管理部门制定。

每年3月底前，采区回采率年报由省级煤炭行业管理部门审核后，报国务院煤炭行业管理部门备案。

第二十四条　各级煤炭行业管理部门应当对辖区内生产煤矿回采率进行不定期抽查，并将抽查情况向社会公布。

第二十五条　各级煤炭行业管理部门应当对辖区内生产煤矿回采率进行年度考核，公布考核结果。

考核结果可作为安排矿产资源节约与综合利用奖励资金和企业缴纳资源税的依据。

第二十六条　国家鼓励煤矿企业采用新技术、新工艺、新装备提高回采率。凡符合下列条件之一的，由各级煤炭行业管理部门给予表彰或者奖励：

（一）创造、采用、推广提高采区回采率的新技术、新工艺、新装备以及新管理办法，使采区回采率高于规定指标，取得较显著经济效益的；

（二）在安全、经济、合理的原则下，对小于可采厚度的薄煤层进行开采的；

（三）对由于各种原因丢弃的残煤和煤柱，在安全、经济、合理的原则下，通过复采等形式最大限度地采出或利用的。

第五章　法律责任

第二十七条　对违反本规定第六条要求的设计单位，煤炭行业管理部门责令改正，并通报相关部门依法查处；由资质认定单位视情节轻重，依法降低资质等级或者吊销资质证书。

第二十八条 生产煤矿未达到本规定第十一条、第十二条采区回采率标准的，由煤炭行业管理部门责令限期改正；逾期仍不达标的，
由原发证机关依法吊销其煤炭生产许可证。

第二十九条 煤矿企业有下列情形之一的，由煤炭行业管理部门责令限期改正；逾期不改正的，处三万元罚款；构成犯罪的，依法追究刑事责任：

（一）对可采煤层丢弃不采的；

（二）违反开采顺序的；

（三）一次采全高开采丢顶煤、底煤或者用煤皮作假顶的；

（四）留设保护煤柱不符合有关规定的；

（五）未按规定提交采区回采率报告的。

第三十条 国家机关工作人员违反本规定，徇私舞弊、玩忽职守、滥用职权的，由任免机关或者监察机关按照管理权限给予相应的政纪处分；涉嫌犯罪的，移送司法机关追究刑事责任。

第六章 附 则

第三十一条 本规定由国家发展改革委、国家能源局负责解释。

第三十二条 省级煤炭行业管理部门可以根据本规定制定实施细则。

第三十三条 本规定自发布之日起三十日后施行，《生产矿井煤炭资源回采率暂行管理办法》（煤炭工业部令〔1998〕第5号）同时废止。

4. 国家重点节能技术推广目录（煤炭行业摘录）

（国家发展和改革委员会）

推广目录	节能技术名称	适用范围	主要技术内容	技术条件	典型项目投资额
第一批	煤矿低浓度瓦斯发电技术	煤炭行业矿井抽采瓦斯发电	以矿井抽采的低浓度瓦斯为燃料，通过低浓度瓦斯发电机组进行过氧燃烧发电	2500~4000 kW	1200~2000万元
第一批	矸石电厂低真空供热技术	煤炭行业矿山民用及办公建筑采暖	将汽轮发电机正常凝气温度有40℃提高至80℃，通过热交换形成55℃~60℃的循环水，从而实现低真空供热	3MW汽轮发电机组	2×3MW机组，1170万元
第一批	选煤厂高效低能耗脱水设备	煤炭行业大中型选煤厂	用隔膜压滤机代替过滤机分离煤泥中的水分，节省电力	选煤厂的脱水设备	300万元
第二批	煤炭储运减损抑尘技术	煤炭等行业粉尘运输机露天堆放	通过喷洒减损抑尘剂，使煤炭或粉状物料表面形成固化层，以达到降低损耗、防治扬尘的目的	煤炭运输量1000万t/a以上	300万元
第三批	矿井乏风和排水热能综合利用技术	煤炭行业煤矿中央并列式通风系统	选用水源热泵机组取代传统燃煤锅炉以充分利用地热。冬季利用水处理设施提供的20℃左右的矿井排水和乏风作为热能介质，通过热泵机组提取矿井水蕴涵的热能，提供45℃-55℃的高温水为井口供热。夏季，利用同样水源通过水源热泵机组制冷，通过整体降低进风流的温度来解决矿井高温热害问题	煤炭矿井排水和乏风的平均温度≥15℃	项目供热量（制冷量）为4200kW，750万元

续表

推广目录	节能技术名称	适用范围	主要技术内容	技术条件	典型项目投资额
第三批	新型高效煤粉锅炉系统技术	煤炭行业供暖或生产用蒸汽、民用供暖	新型高效煤粉锅炉房系统采用煤粉集中制备、精密供粉、空气分级燃烧、炉内脱硫、锅壳（或水管）式锅炉换热、高效布袋除尘、烟气脱硫和全过程自动控制等先进技术，实现了燃煤锅炉的高效运行和洁净排放	区域锅炉房供暖改造、工业锅炉改造	供热面积29万 m^2 的煤粉锅炉房系统改造，870万元
第四批	综采工作面高效机械化矸石充填技术	煤炭行业井工综采开采的矿井	采用自压式矸石充填机，以矸石充填巷道或采空区，替换出"三下"压煤，从而提高煤炭资源回采率和煤矸石的综合利用率，实现节能	拥有煤矸石充填巷道、采空区及"三下"压煤等区域	年产150万吨的生产矿井单位建立多工作面矸石运输系统给，优化矸石辅助运输系统4076万元

5. 产业结构调整指导目录（2011年本）（2013年修正）
（煤炭行业摘录）

三、煤炭

1. 煤田地质及地球物理勘探；
2. 120万吨/年及以上高产高效煤矿（含矿井、露天）、高效选煤厂建设；
3. 矿井灾害（瓦斯、煤尘、矿井水、火、围岩、地温、冲击地压等）防治；
4. 型煤及水煤浆技术开发与应用；
5. 煤炭共伴生资源加工与综合利用；
6. 煤层气勘探、开发、利用和煤矿瓦斯抽采、利用；
7. 煤矸石、煤泥、洗中煤等低热值燃料综合利用；
8. 管道输煤；
9. 煤炭高效洗选脱硫技术开发与应用；
10. 选煤工程技术开发与应用；
11. 地面沉陷区治理、矿井水资源保护与利用；
12. 煤电一体化建设；
13. 提高资源回收率的采煤方法、工艺开发与应用；
14. 矿井采空区矸石回填技术开发与应用；
15. 井下救援技术及特种装备开发与应用；
16. 煤矿生产过程综合监控技术、装备开发与应用；
17. 大型煤炭储运中心、煤炭交易市场建设；
18. 矿井进出人员自动监控记录系统开发与应用；
19. 新型矿工避险自救器材开发与应用；
20. 建筑物下、铁路等基础设施下、水体下采用煤矸石等物质充填采煤技术开发与应用。

6. 部分煤炭行业标准名录

1. 《煤矿主要工序能耗等级和限值 第 1 部分：主要通风系统》（GB/T 29723.1—2013）；

2. 《煤矿主要工序能耗等级和限值 第 2 部分：主排水系统》（GB/T 29723.2—2013）；

3. 《煤矿主要工序能耗等级和限值 第 3 部分：空气压缩系统》（GB/T 29723.3—2013）；

4. 《煤矿主要工序能耗等级和限值 第 4 部分：主提升带式输送系统》（GB/T 29723.4—2013）；

5. 《煤矿主要工序能耗等级和限值 第 5 部分：主提升系统》（GB/T 29723.5—2013）；

6. 《煤炭井工开采单位产品能源消耗限额》（GB 29444—2012）；

7. 《选煤电力消耗限额》（GB 29446—2012）。

燃煤热电联产篇

燃料电池汽车篇

燃煤热电联产项目节能评估报告编制指南

（封面）

项目名称（二号黑体）

节能评估报告（一号黑体）

建设单位名称：（小二宋体）

评估单位名称：（小二宋体）

年　　月（三号宋体）

（扉页）

项目名称（二号黑体）

节能评估报告（一号黑体）

建设单位名称：（盖章，小二宋体）

评估单位名称：（盖章，小二宋体）

年　　月（三号宋体）

项目节能评估单位资质
(证明节能评估单位具备相应专业、服务范围和能力水平的文件)

评估人员

	姓名	专业	职称	签字
项目负责人				
技术负责人				
项目组成员				
报告编制人				
报告复核人				
报告审核人				
报告审定人				

项目摘要表

	项目名称				
项目概况	项目建设单位			联系人及电话	
				传真	
	节能评估单位			联系人及电话	
				传真	
	项目建设地点	省　市　县		所属行业	
	项目性质	□新建　　□改建　　□扩建		总投资(万元)	
	投资管理类别	□审批　　□核准　　□备案			
	项目拟开工及投产时间				
	建设规模和主要内容				
项目年耗能量	主要投入能源	计量单位	年需要实物量	折标系数	折标煤量（tce）
	原煤	t		tce/t	
	柴油	t		tce/t	
	主要产出能源	计量单位	实物量	折标系数	折标煤量（tce）
	供电量	10^8 kWh		gce/kWh	（当量值）
				gce/kWh	（等价值）
	供热量	10^4 GJ		kgce/GJ	
	年综合能源消费量（tce）			当量值	
				等价值	

续表

项目指标名称		本项目（能评前）	本项目（能评后）	新建准入值	国内先进水平	国际先进水平	评估结论
项目能效指标对比	发电煤耗(gce/kWh)						
	供电煤耗(gce/kWh)						
	供热煤耗(kgce/GJ)						
	供热电耗(kWh/GJ)						
	发电厂用电率,%						
	综合生产厂用电率,%						
	热电比,%						
	综合热效率,%						
	年综合能源消费量			调整量		（当量值）	
						（等价值）	
对所在地能源消费影响	对所在地能源消费增量的影响						
	对所在地完成节能目标的影响						

能评前项目采取的主要节能措施：
(1)
(2)
(3)

能评前项目建设方案、用能工艺、耗能设备、节能措施等方面存在的主要问题：
(1)
(2)
(3)

续表

能评前后建设方案调整（技术方案、耗能设备能效水平等）、能评阶段提出的主要节能措施及节能效果： (1) (2) (3)	
项目年总节能量（tce）	

目 录

前 言
1 评估内容与依据
　1.1 评估范围和内容
　1.2 评估依据
　　1.2.1 政策性依据
　　1.2.2 标准与规范
　　1.2.3 项目支撑性文件
2 项目基本情况
　2.1 项目建设单位
　2.2 项目简况
　2.3 项目热负荷情况
　2.4 项目用能情况
　　2.4.1 项目用能情况
　　2.4.2 项目用能落实情况
3 项目建设方案节能评估
　3.1 主机设备选型节能评估
　3.2 项目总平面布置节能评估
　3.3 主要工艺技术方案节能评估
　　3.3.1 主要用能系统节能评估
　　3.3.2 主要耗能设备节能评估
　3.4 辅助生产和附属生产设施节能评估
　3.5 能源计量器具配备方案评估
　3.6 本章评估小结
4 节能措施评估
　4.1 能评前节能技术措施评估
　4.2 能评阶段节能技术措施评估
　4.3 节能管理措施评估
　4.4 本章评估小结
5 项目能源利用情况和能效水平评估

5.1 能评前项目能源利用情况

5.2 能评后项目能源利用情况

5.3 项目能效水平评估

5.4 本章评估小结

6 项目能源消费及对所在地影响评估

6.1 项目对所在地完成节能目标的影响评估

6.2 项目对所在地能源消费增量的影响评估

6.3 燃煤等量或减量置换方案

6.4 本章评估小结

7 结论与建议

7.1 结论

7.2 建议

8 附件

1. 厂区总平面图、主厂房平面布置图

2. THA工况、采暖抽汽工况、工业抽汽工况热平衡图

3. 可行性研究报告相关资料

4. 热源供应合作协议

5. 煤种、煤质批复文件，煤质检测报告

6. 供热规划批复

7. 热电联产规划批复

8. 热网可研批复

9. 相关部门关于本项目供热区域或热负荷情况的批复

10. 小火电机组（小锅炉房）关停方案以及相应的承诺文件

11. 煤炭替代来源及替代削减量初步核定意见

12. 地方价格主管部门出具的热力价格批复文件

13. 矸石综合利用发电项目需提供有关部门对当地燃料来源的论证和批复文件

前　言

简述项目节能评估的目的、意义、方法。

简要说明评估委托情况、工作过程、现场调研情况等。

介绍项目建设背景及各项前期工作进展情况。

1　评估内容与依据

1.1　评估范围和内容

明确评估范围和用能系统边界，据此对项目能源消费情况、建设方案、主要工艺能耗情况、主要耗能设备能效水平、节能措施、对所在地能源供应、消费和节能目标的影响等方面开展评估工作。

1.2　评估依据

1.2.1　政策性依据

（1）与节能评估相关的国家法律、法规、规划、行业准入条件、产业政策。

（2）与节能评估相关的地方法规、规划、行业准入条件、产业政策。

（3）节能工艺、技术、装备、产品推荐目录，国家明令淘汰的用能产品、设备、生产工艺等目录。

1.2.2　标准与规范

（1）通用用能标准。

（2）节能设计、节能技术与管理相关标准与规范。

（3）用能设备能效等级及能源消耗限额标准。

1.2.3　项目支撑性文件

项目可行性研究报告，设计煤种与校核煤种煤质分析报告，项目相关电力、供热、热电联产规划，燃料、水资源、接入系统等与项目节能评估相关的支撑性文件。

2 项目基本情况

2.1 项目建设单位

建设单位名称、性质、地址、邮编、法定代表人、项目联系人及联系方式。

项目建设单位成立时间、注册资金、主要经营范围、现有装机规模、基本财务指标（总资产、资产负债率、生产经营数据、利税数据等）、股东构成、股权结构比例、项目投资方情况等能够反映项目建设单位总体情况的内容。

2.2 项目简况

项目名称，建设地点，项目性质，建设规模及内容；项目建设方案简况；工艺流程图；主要经济技术指标表；项目的进展情况及目前的工作阶段；改、扩建项目需要对既有机组技术方案和用能情况进行说明，分析既有机组存在的问题、已采取的节能措施、分析节能潜力及改进措施；替代采暖小锅炉的热电联产项目需要对替代情况、替代小锅炉采暖面积、供热量等进行说明。

2.3 项目热负荷情况

对于热电联产机组，根据供热规划、热电联产规划、热网规划、供热协议及地方政府承诺相关供热文件等资料，明确项目承担采暖面积、采暖热指标，工业用汽参数、用汽量等数据，根据项目所在地采暖室内外计算参数和供暖时间绘制供暖热负荷延续时间图，核算项目采暖期和非采暖期供热量。

2.4 项目用能情况

2.4.1 项目用能情况

项目设计煤种和校核煤种，如为混煤应明确混合比例；根据煤质检测报告介绍煤质数据、折标系数和年耗煤量；燃油品质、折标系数及年锅炉点火和煤场推煤机械用油量；水源及用水量等情况。

2.4.2 项目用能落实情况

论述项目燃煤、燃油等用能落实情况，评估其供应可靠性。

技术方案、工艺流程和技术参数，核算节能效果。

4.3 节能管理措施评估

论述项目节能管理方面采取的措施与方案，并进行评估。

4.4 本章评估小结

5 项目能源利用情况和能效水平评估

5.1 能评前项目能源利用情况

根据能评前项目建设方案、相关规定、规范和标准的计算方法，复核项目主要技术指标。

5.2 能评后项目能源利用情况

依据节能评估所提意见和建议进行调整和优化后的项目建设方案、相关规定、规范和标准的计算方法，重新核算项目的主要技术指标；列出能评前后各技术指标对比表；核算项目综合能源消费量；分析能源加工、转换和利用情况，编制企业能量平衡表、绘制企业能量平衡网络图。

5.3 项目能效水平评估

可采用标准对照法、类比分析法、专家判断等方法评估项目能效水平。

5.4 本章评估小结

6 项目能源消费及对所在地影响评估

6.1 项目对所在地完成节能目标的影响评估

评估项目对所在地完成节能目标的影响。

6.2 项目对所在地能源消费增量的影响评估

评估项目用能对所在地能源消费增量的影响。

6.3 燃煤等量或减量置换方案

对于重点区域，如果有燃煤等量或减量置换要求，则根据前述章节核算燃煤量，论述燃煤等量或减量置换方案。

6.4 本章评估小结

7 结论与建议

7.1 结论

（1）项目是否符合国家、地方和行业的节能相关法律法规、政策要求、标准规范；

（2）项目主要能效指标评估结论；

（3）有无采用国家明令禁止和淘汰的落后工艺及设备，列出主要用能设备能效水平评估结论；

（4）项目采取的节能措施及效果评估；

（5）项目能源消费总量及落实情况；

（6）项目综合能源消费量及对项目所在地能源消费的影响；

（7）项目单位增加值能耗及对项目所在地节能目标实现的影响。

7.2 建议

根据节能评估情况，指出项目在建设方案、节能技术和节能管理措施等方面存在的节能评估中无法解决的问题，或节能评估阶段无法确定实施、但存在较大节能潜力的节能措施，可提出相关建议。

8 附件

1. 厂区总平面图、主厂房平面布置图
2. THA工况、采暖抽汽工况、工业抽汽工况热平衡图
3. 可行性研究报告相关资料
4. 热源供应合作协议

5. 煤种、煤质批复文件，煤质检测报告
6. 供热规划批复
7. 热电联产规划批复
8. 热网可研批复
9. 相关部门关于本项目供热区域或热负荷情况的批复
10. 小火电机组（小锅炉房）关停方案以及相应的承诺文件
11. 煤炭替代来源及替代削减量初步核定意见
12. 地方价格主管部门出具的热力价格批复文件
13. 矸石综合利用发电项目需提供有关部门对当地燃料来源的论证和批复文件

燃煤热电联产项目节能评估报告编制指南说明

（封面）

项目名称（二号黑体）

节能评估报告（一号黑体）

建设单位名称：（小二宋体）

评估单位名称：（小二宋体）

年　　月（三号宋体）

（扉页）

项目名称（二号黑体）

节能评估报告（一号黑体）

建设单位名称：（盖章，小二宋体）

评估单位名称：（盖章，小二宋体）

年　　月（三号宋体）

【编制要点】

(1) 封面格式供参考。

(2) 项目名称宜包括项目建设单位（申报单位）全称、建设规模、性质（新建、改扩建）等关键信息，例如：某公司某发电厂 2×350MW 热电联产新建项目。

(3) 项目建设单位（申报单位）和节能评估单位应写明全称，并在扉页分别加盖单位公章。

(4) 节能评估报告日期应以出版日期为准。

项目节能评估单位资质
(证明节能评估单位具备相应专业、服务范围和能力水平的文件)

评估人员

	姓名	专业	职称	签字
项目负责人				
技术负责人				
项目组成员				
报告编制人				
报告复核人				
报告审核人				
报告审定人				

【编制要点】

（1）该表供参考，各节能评估单位可根据企业内部质量管理规定填写。

（2）评估人员一般应包括但不限于以下专业：总图、锅炉、热机、电气、输煤、化水、热工、暖通、技经。

项目摘要表

	项目名称				
项目概况	项目建设单位			联系人及电话	
				传真	
	节能评估单位			联系人及电话	
				传真	
	项目建设地点	省　市　县		所属行业	
	项目性质	□新建　□改建　□扩建		总投资(万元)	
	投资管理类别	□审批　□核准　□备案			
	项目拟开工及投产时间				
	建设规模和主要内容				
项目年耗能量	主要投入能源	计量单位	年需要实物量	折标系数	折标煤量（tce）
	原煤	t		tce/t	
	柴油	t		tce/t	
	主要产出能源	计量单位	实物量	折标系数	折标煤量（tce）
	供电量	10^8 kWh		gce/kWh	（当量值）
				gce/kWh	（等价值）
	供热量	10^4 GJ		kgce/GJ	
	年综合能源消费量（tce）			当量值	
				等价值	

续表

项目 指标名称		本项目 (能评前)	本项目 (能评后)	新建 准入值	国内 先进水平	国际 先进水平	评估 结论
项目能效指标对比	发电煤耗(gce/kWh)						
	供电煤耗(gce/kWh)						
	供热煤耗(kgce/GJ)						
	供热电耗(kWh/GJ)						
	发电厂用电率,%						
	综合生产厂用电率,%						
	热电比,%						
	综合热效率,%						
	年综合能源消费量			调整量		(当量值)	
						(等价值)	
对所在地能源消费影响	对所在地能源消费增量的影响						
	对所在地完成节能目标的影响						

能评前项目采取的主要节能措施：
(1)
(2)
(3)

能评前项目建设方案、用能工艺、耗能设备、节能措施等方面存在的主要问题：
(1)
(2)
(3)

续表

能评前后建设方案调整（技术方案、耗能设备能效水平等）、能评阶段提出的主要节能措施及节能效果： (1) (2) (3)	
项目年总节能量（tce）	

【编制要点】

(1) 项目名称应与节能评估报告封面的项目名称一致。

(2) 项目建设单位和节能评估单位名称应填写全称。

(3) 联系人应为本单位本项目节能评估工作负责人，联系方式应包括固定电话和移动电话。

(4) 项目建设地点应填写到县（市）一级。

(5) 所属行业应参照《国民经济行业分类》（GB/T 4754）填写。

(6) 项目拟开工及投产时间，参考格式：项目计划于某年某月开工建设，某年某月建成投产，建设工期20个月。

(7) 建设规模和主要内容，参考格式：本项目建设2×350MW超临界热电联产机组，采用××型式锅炉、××型式汽轮机、××法脱硫、××法脱硝、配套建设供热管网等设施。

(8) 电力等价值折标系数为本项目发电煤耗。

(9) 年综合能源消费量＝主要投入能源折标煤量－供电折标煤量－供热折标煤量。

(10) 项目能效指标对比：评估前填写能评前本项目各项能效指标，评估后填写经能评阶段提出各项节能措施、优化建设方案后本项目的各项能效指标。

(11) 对所在地能源消费增量的影响：填写本项目综合能源消费量占项目所在地省、市两级能源消费增量的比例，分析其影响程度。

(12) 对所在地完成节能目标的影响：填写本项目单位增加值能源消费量（简称：单位增加值能耗，单位增加值能耗＝项目综合能源消费量（等价值）/项目增加值）对项目所在地单位GDP能耗节能目标的影响和本项目单位工业增加值能耗对项目所在地单位工业增加值能耗节能目标的影响。

（13）能评前项目采取的主要节能措施：简要列出开展节能评估工作前项目已采用的、有针对性的、节能效果显著的节能措施。

（14）能评前项目建设方案、用能工艺、耗能设备、节能措施等方面存在的主要问题：简要列出节能评估过程中发现的项目存在的对发电煤耗、供电煤耗、厂用电率、供热煤耗、供热电耗等指标有较大影响的技术方案、设备能效、节能措施等方面存在的问题。

（15）能评阶段提出的主要节能措施及节能效果：针对项目存在的问题，简要列出节能评估过程中提出的能够落实采用的、有针对性的、节能效果显著的节能措施及节能效果。

（16）项目年总节能量是指项目采取的节能技术措施、节能管理措施产生的节能效果。

目 录

前 言
1 评估内容与依据
　1.1 评估范围和内容
　1.2 评估依据
　　1.2.1 政策性依据
　　1.2.2 标准与规范
　　1.2.3 项目支撑性文件
2 项目基本情况
　2.1 项目建设单位
　2.2 项目简况
　2.3 项目热负荷情况
　2.4 项目用能情况
　　2.4.1 项目用能情况
　　2.4.2 项目用能落实情况
3 项目建设方案节能评估
　3.1 主机设备选型节能评估
　3.2 项目总平面布置节能评估
　3.3 主要工艺技术方案节能评估
　　3.3.1 主要用能系统节能评估
　　3.3.2 主要耗能设备节能评估
　3.4 辅助生产和附属生产设施节能评估
　3.5 能源计量器具配备方案评估
　3.6 本章评估小结
4 节能措施评估
　4.1 能评前节能技术措施评估
　4.2 能评阶段节能技术措施评估
　4.3 节能管理措施评估
　4.4 本章评估小结
5 项目能源利用情况和能效水平评估

5.1　能评前项目能源利用情况

　　5.2　能评后项目能源利用情况

　　5.3　项目能效水平评估

　　5.4　本章评估小结

6　项目能源消费及对所在地影响评估

　　6.1　项目对所在地完成节能目标的影响评估

　　6.2　项目对所在地能源消费增量的影响评估

　　6.3　燃煤等量或减量置换方案

　　6.4　本章评估小结

7　结论与建议

　　7.1　结论

　　7.2　建议

8　附件

1. 厂区总平面图、主厂房平面布置图；

2. THA工况、采暖抽汽工况、工业抽汽工况热平衡图；

3. 可行性研究报告相关资料；

4. 热源供应合作协议；

5. 煤种、煤质批复文件，煤质检测报告；

6. 供热规划批复；

7. 热电联产规划批复；

8. 热网可研批复；

9. 相关部门关于本项目供热区域或热负荷情况的批复；

10. 小火电机组（小锅炉房）关停方案以及相应的承诺文件；

11. 煤炭替代来源及替代削减量初步核定意见；

12. 地方价格主管部门出具的热力价格批复文件；

13. 矸石综合利用发电项目需提供有关部门对当地燃料来源的论证和批复文件。

前　言

简述项目节能评估的目的、意义、方法。

简要说明评估委托情况、工作过程、现场调研情况等。

介绍项目建设背景及各项前期工作进展情况。

1　评估内容与依据

1.1　评估范围和内容

明确评估范围和用能系统边界，据此对项目能源消费情况、建设方案、主要工艺能耗情况、主要耗能设备能效水平、节能措施、对所在地能源供应、消费和节能目标的影响等方面开展评估工作。

【编制要点】

以项目投资建设内容为依据，应与项目申请报告保持一致，覆盖项目投资建设的全部内容，包括主要生产系统、辅助和附属生产系统，以及投资范围之内的配套设施等。

1.2　评估依据

1.2.1　政策性依据

（1）与节能评估相关的国家法律、法规、规划、行业准入条件、产业政策。

（2）与节能评估相关的地方法规、规划、行业准入条件、产业政策。

（3）节能工艺、技术、装备、产品推荐目录，国家明令淘汰的用能产品、设备、生产工艺等目录。

1.2.2　标准与规范

（1）通用用能标准。

（2）节能设计、节能技术与管理相关标准与规范。

（3）用能设备能效等级及能源消耗限额标准。

1.2.3　项目支撑性文件

项目可行性研究报告，设计煤种与校核煤种煤质分析报告，项目相关电力、供热、热电联产规划，燃料、水资源、接入系统等与项目节能评估相关的支撑性文件。

【编制要点】

（1）上述评估依据应列出文件全称。

（2）评估依据要齐全、适用、且为最新版本，文号、标准编号要齐全，编写举例：

《中华人民共和国节约能源法》（主席令第七十七号，2007年）；

《固定资产投资项目节能评估和审查暂行办法》（国家发展和改革委员会令〔2010〕第6号）；

《综合能耗计算通则》（GB/T 2589—2008）。

（3）避免引用无关评估依据。

2　项目基本情况

2.1　项目建设单位

建设单位名称、性质、地址、邮编、法定代表人、项目联系人及联系方式。

项目建设单位成立时间、注册资金、主要经营范围、现有规模、基本财务指标（总资产、资产负债率、生产经营数据、利税数据等）、股东构成、股权结构比例、项目投资方情况等能够反映项目建设单位总体情况的内容。

2.2　项目简况

项目名称，建设地点，项目性质，建设规模及内容；项目建设方案简况；工艺流程图；能评后的主要经济技术指标表；项目的进展情况及目前的工作阶段；改、扩建项目需要对既有机组技术方案和用能情况进行说明，分析既有机组存在的问题、已采取的节能措施、分析节能潜力及改进措施；替代采暖小锅炉的热电联产项目需要对替代情况、替代小锅炉采暖面积、供热量等进行说明。

【评估要点】

（1）项目建设方案简况如下表。

项目建设方案汇总表（样表）

平面布置	
主机设备	锅炉：
	汽轮机：
	发电机：
主再热蒸汽及回热系统	
给水系统	
凝结水系统	
热网加热器及疏水系统	
冷却水系统	
燃烧制粉系统	
烟风系统	
除尘系统	
除灰系统	
除渣系统	
脱硫系统	
脱硝系统	
燃料及运输	
水源及化水	
接入系统	
控制系统	
……	

（2）工艺流程图应专业、详细且与项目建设方案相对应。

（3）能评后的主要经济技术指标表可参照如下样表：

主要经济技术指标表（样表）

序号	项 目	单位	
1	机组总容量	MW	
2	年发电量	10^8 kWh/a	
3	年供电量	10^8 kWh/a	
4	年供热量	10^4 GJ/a	
5	年均发电标准煤耗	gce/kWh	
6	年均供电标准煤耗	gce/kWh	
7	年均供热标准煤耗	kgce/GJ	
8	综合生产厂用电率	%	
9	发电厂用电率	%	
10	供热电耗	kWh/GJ	
11	发电设备年利用小时数	h	
12	发电设备年运行小时数	h	
13	年均全厂热效率	%	
14	年均热电比	%	
15	工程静态投资	万元	
16	单位造价	元/kW	
17	工程动态投资	万元	
18	单位造价	元/kW	
19	工程总投资	万元	
20	发电单位生产成本	元/kWh	
21	供热单位生产成本	元/GJ	
22	上网电价（不含税）	元/MWh	
23	上网电价（含税）	元/MWh	
24	供热价（不含税）	元/GJ	
25	供热价（含税）	元/GJ	
26	耗水指标	m^3/s·GW	
27	厂区用地面积	hm^2	
…	…	…	…

（4）详细说明项目的实际进展情况及目前的工作阶段（附节能评估报告上报国家主管部门时的项目选址现场最新照片），列出项目进度计划可参照如下样表。

项目进度计划表（样表）

序号	工作内容	节点计划	
		#1 机组	#2 机组
1	主厂房第一罐混凝土浇灌		
…	…		
…	…		
…	机组 168 小时试运完成		
…	…	…	…

（5）改、扩建项目需要对既有机组的建设方案如装机方案、主要耗能设备选型、技术方案、采取的节能措施等进行说明，汇总表可参照如下样表：

既有机组建设方案汇总表（样表）

项 目			一期工程（既有）	二期工程（既有）	…
装机容量					
投产时间					
装机方案	锅炉	生产厂家及型号			
		型式			
		额定主再热蒸汽参数			
		锅炉效率			
	汽轮机	生产厂家及型号			
		型式			
		额定主再热蒸汽参数			
		THA 工况热耗			

续表

项 目			一期工程（既有）	二期工程（既有）	…
装机方案	发电机	生产厂家及型号			
		型式			
		发电机效率			
	三大风机	生产厂家及型号			
		型式			
		效率			
	凝结水泵	生产厂家及型号			
		型式			
		效率			
	循环水泵	生产厂家及型号			
		型式			
		效率			
	给水泵	生产厂家及型号			
		型式			
		效率			
	主变压器	生产厂家及型号			
		型式			
		空载损耗			
		负载损耗			
…	…	…	…	…	…

既有机组往年用能情况汇总表（样表）

序号	项目	单位	1#机组	2#机组	…
1	年发电量	10^8 kWh/a			
2	年供电量	10^8 kWh/a			
3	年供热量	10^4 GJ/a			

续表

序号	项目	单位	1#机组	2#机组	…
4	年均发电标准煤耗	gce/kWh			
5	年均供电标准煤耗	gce/kWh			
6	年均供热标准煤耗	kgce/GJ			
7	综合厂用电率	%			
8	发电厂用电率	%			
9	供热电耗	kWh/GJ			
10	发电设备年利用小时数	h			
11	发电设备年运行小时数	h			
12	年均全厂热效率	%			
13	年均热电比	%			
14	年标煤耗量	10^4tce/a			
15	年原煤耗量	10^4t/a			
16	年点火用油量	t/a			
17	年煤场机械油用量	t/a			
18	年生产用水量	$10^4 m^3$/a			
…	…		…	…	…

对于扩建项目，特别是扩建机组与既有机组是同类机型时，要重点分析既有机组存在的问题、已采取的节能措施、分析节能潜力及改进措施。

（6）替代采暖小锅炉的热电联产项目需要对替代情况、替代小锅炉采暖面积、供热量等进行说明，汇总表可参照如下样表。

替代小锅炉情况汇总表（样表）

序号	地理位置	供热单位	供热区域	锅炉台数	额定容量（MW）	供热面积（m^2）	年耗煤量（t）	拆除时间	…
1									
2									
3									
…	…	…	…	…	…	…	…	…	…
合计									

2.3 项目热负荷情况

对于热电联产机组,根据供热规划、热电联产规划、热网规划、供热协议及地方政府承诺相关供热文件等资料,明确项目承担采暖面积、采暖热指标,工业用汽参数、用汽量等数据,根据项目所在地采暖室内外计算参数和供暖时间绘制供暖热负荷延续时间图,核算项目采暖期和非采暖期供热量。

【评估要点】

(1) 所有计算要有详细计算过程。

(2) 采暖热负荷部分数据可参照如下样表。

根据《民用建筑供暖通风与空气调节设计规范》(GB 50736)确定项目所在地采暖室内外参数。

项目所在地室内外空气计算参数(样表)

项 目	单位	数值
采暖天数	d	
采暖室外计算温度	℃	
采暖室外平均温度	℃	
采暖室内计算温度	℃	
…	…	…

采暖供热量汇总表(样表)

项 目	单位	
采暖面积	$10^4 m^2$	
采暖热指标	W/m^2	
设计采暖热负荷	MW	
设计采暖热负荷供热量	GJ/h	
…	…	…

(3) 当采暖设计热负荷超过最大抽汽量对应的最大供热负荷时(即需要调峰锅炉房才能满足所承担的采暖面积供热需求时),需要绘制采暖热负荷

时间延续图，核算本期热电联产机组采暖期承担的供热量和采暖期平均供热量。

（4）有工业用汽的热电联产机组应根据供热协议详细介绍的用汽参数、用汽量、回水量、回水参数、供热时间和供汽距离等情况，折算至电厂出口参数，根据热负荷折减系数核算项目工业设计热负荷和年工业供热量，所有计算均要有详细计算过程。

部分数据汇总表可参照如下样表。

采暖期/制冷期/非采暖制冷期工业热用户汇总表（样表）

热用户	热用户用汽参数			采暖期工业用汽量			回水		供汽时间	供汽距离	工作班次
	温度（℃）	压力（MPa）	焓值（kJ/kg）	最大（t/h）	平均（t/h）	最小（t/h）	回水率（%）	回水温度（℃）			

工业热负荷汇总表（折算到热源分界点）（样表）

序号	供汽参数				采暖期工业供汽量			制冷期工业供汽量			非采暖制冷期工业供汽量		
	平均（t/h）	温度（℃）	压力（MPa）	焓值（kJ/kg）	最大（t/h）	最小（t/h）	平均（t/h）	最大（t/h）	最小（t/h）	平均（t/h）	最大（t/h）	最小（t/h）	
合计													
热负荷折减系数													
设计工业热负荷													

2.4 项目用能情况

2.4.1 项目用能情况

项目设计煤种和校核煤种，如为混煤应明确混合比例；根据煤质检测报告介绍煤质数据、折标系数和年耗煤量；燃油品质、折标系数及年锅炉点火和煤场推煤机械用油量；水源及用水量等情况。

【评估要点】

部分数据样表如下：

煤质检测数据样表（样表）

序号	项目名称	符号	单位	设计煤种	校核煤种	…
1	全水分	M_t	%			
2	空气干燥基水分	M_{ad}	%			
3	收到基灰分	A_{ar}	%			
4	干燥无灰基挥发分	V_{daf}	%			
5	收到基碳	C_{ar}	%			
6	收到基氢	H_{ar}	%			
7	收到基氮	N_{ar}	%			
8	收到基氧	O_{ar}	%			
9	全硫	$S_{t,ar}$	%			
10	收到基高位发热量	$Q_{gr,v,ar}$	MJ/kg			
11	收到基低位发热量	$Q_{net,v,ar}$	MJ/kg			
12	哈氏可磨指数	HGI	/			
13	煤灰熔融特征温度/变形温度	DT	$\times 10^3 ℃$			
14	煤灰熔融特征温度/软化温度	ST	$\times 10^3 ℃$			
15	煤灰熔融特征温度/半球温度	HT	$\times 10^3 ℃$			
16	煤灰熔融特征温度/流动温度	FT	$\times 10^3 ℃$			
17	煤灰中二氧化硅	SiO_2	%			
18	煤灰中三氧化二铝	Al_2O_3	%			
19	煤灰中三氧化二铁	Fe_2O_3	%			
20	煤灰中氧化钙	CaO	%			

续表

序号	项目名称	符号	单位	设计煤种	校核煤种	…
21	煤灰中氧化镁	MgO	%			
22	煤灰中氧化钠	Na_2O	%			
23	煤灰中氧化钾	K_2O	%			
24	煤灰中二氧化钛	TiO_2	%			
25	煤灰中三氧化硫	SO_3	%			
26	煤灰中二氧化锰	MnO_2	%			
27	冲刷磨损指数					
28	飞灰比电阻					
…	…	…	…	…	…	…

项目用能量及折标系数（样表）

序号	能源种类	实物量	折标系数	折标煤（tce）
1	煤炭		（kgce/kg）	
2	柴油		（kgce/kg）	
	…	…	…	…

2.4.2 项目用能落实情况

论述项目燃煤、燃油等用能落实情况，评估其供应可靠性。

【评估要点】

（1）能评后项目年煤炭消耗量、供应条件、能源供应企业的供应能力和可靠性（煤炭资源、现有和规划生产能力、服务年限等），运输方式、路线、距离和可靠性，相关部门承诺文件取得情况。

（2）能评后项目燃油年消耗量，供应条件，落实情况。

（3）能评后项目水的年消耗量，供应条件，取水文件或供水协议等供水落实情况。

3 项目建设方案节能评估

3.1 主机设备选型节能评估

（1）论述本项目拟采用的锅炉、汽轮机、发电机等主机设备参数，主要包括主再热蒸汽参数、燃烧方式、排烟温度、锅炉效率、汽轮机各工况热耗、排汽压力、发电机效率、冷却方式等，评估是否符合产业政策、行业规划、准入条件、限额标准、设计规范等相关要求。

（2）从节能角度，分析主机参数和选型的合理性、适用性和先进性，与行业同类先进机组技术方案和能效水平进行对比评估，判断是否达到国内先进水平，提出评估结论，并对存在的问题提出合理化建议。

【评估要点】

（1）锅炉选型。主要包括：锅炉型式、蒸发量、蒸汽参数、燃烧方式、点火方式、保证热效率等，以及空气预热器的型式、漏风率要求等。应结合项目拟选择的燃煤品质对锅炉型式、燃烧方式、保证热效率等的合理性和先进性进行评估，与国内外同类先进机组进行对比评估，明确是否能够达到先进水平，提出评估结论，并对存在的问题提出合理化建议。

锅炉主要技术参数表（样表）

序号	项目	单位	数值
1	最大连续蒸发量（B-MCR）	t/h	
2	过热器出口蒸汽压力	MPa	
3	过热器出口额定蒸汽温度	℃	
4	再热蒸汽流量	t/h	
5	再热蒸汽压力（进口/出口）	MPa	
6	再热蒸汽（热段）温度	℃	
7	再热蒸汽（冷段）温度	℃	
8	给水温度	℃	
9	预热器出口一次风温	℃	

续表

序号	项目	单位	数值
10	预热器出口二次风温	℃	
11	排烟温度	℃	
12	锅炉效率	%	
13	…	…	…

（2）汽机选型。主要包括：汽轮机技术方案、功率、主蒸汽及再热蒸汽参数、流量、抽汽参数、抽汽量、抽汽调节方式、背压、保证热耗等，与国内同类先进机组进行对比评估，分析各主要技术参数选择的合理性和先进性，评估其是否能够达到先进水平，对存在的问题提出合理建议。

汽轮机主要技术参数表（样表）

序号	项目	单位	数值
一	机组性能规范		
1	机组型式		
2	汽轮机型号		
3	额定功率	MW	
	THA工况蒸汽参数		
4	主蒸汽压力	MPa（a）	
5	主蒸汽温度	℃	
6	高压缸排汽口压力	MPa（a）	
7	高压缸排汽口温度	℃	
8	再热蒸汽进口压力	MPa（a）	
9	再热蒸汽进口温度	℃	
10	主蒸汽进汽量	t/h	
11	再热蒸汽进汽量	t/h	
12	排汽压力	kPa（a）	

续表

序号	项 目	单位	数值
13	配汽方式		
14	给水温度	℃	
15	额定转速	r/min	
16	采暖抽汽参数		
	额定抽汽压力	MPa（a）	
	额定抽汽温度	℃	
	额定抽汽量	t/h	
	最大抽汽量	t/h	
17	工业抽汽参数		
	额定抽汽压力	MPa（a）	
	额定抽汽温度	℃	
	额定抽汽量	t/h	
	最大抽汽量	t/h	
18	给水回热级数（高加+除氧+低加）		
19	启动方式		
20	变压运行负荷范围	%	
二	汽轮机性能保证		
1	THA工况热耗率	kJ/kWh	
2	铭牌功率（TRL）	MW	
3	最大连续功率（TMCR）	MW	
…	…	…	…

（3）发电机选型。主要包括：发电机型式、功率、效率、励磁系统特性

与参数等，评估其是否达到先进水平。

发电机主要技术参数表（样表）

序号	项　　目	单位	数据
1	额定容量	MVA	
2	额定功率	MW	
3	最大连续输出容量	MVA	
4	额定功率因数		
5	额定电压	kV	
6	额定频率	HZ	
7	额定转速	r/min	
8	定子线圈接线方式		
9	励磁方式		
10	冷却方式		
11	相数		
12	极数		
13	额定氢压	MPa（g）	
14	效率（保证值）		
…	…	…	…

3.2 项目总平面布置节能评估

论述本项目总平面布置、主厂房布置等方面内容，评估布置方案对燃料、水、汽、风、粉、渣、电等的输送、加工、处理等用能情况的影响，提出评估结论和建议。

【评估要点】

从总图横、竖向布置、功能分区、厂区物流运输方式等方面，结合有关设计规范标准，分析判断项目总平面布置对厂区内能源输送、储存、分配、消费等环节的影响，是否有利于过程节能、方便作业、提高生产效率、减少工序和产品能耗等。

3.3 主要工艺技术方案节能评估

3.3.1 主要用能系统节能评估

对运煤系统、锅炉相关系统（制粉系统、烟风系统、烟气除尘及排放系统、直流锅炉启动系统、点火及助燃燃料系统、锅炉辅助系统、启动锅炉、循环流化床锅炉系统）、汽轮机相关系统（主蒸汽、再热蒸汽和旁路系统、给水系统、凝结水系统、回热系统、辅助蒸汽系统、凝汽器及辅助设施、辅机冷却水系统、供热首站）、电气设备及系统（变压器、电气系统）、控制及信息系统、除灰渣系统、烟气脱硫系统、烟气脱硝系统、水处理系统、水工设施及系统等主要用能系统技术方案、用能情况及先进水平进行评估，给出评估结论和建议。

【评估要点】

1. 各主要用能系统主要包括但不限于以下内容：

(1) 运煤系统：论述及评估厂外来煤和厂内运输与处理方案。重点评估卸煤设施、贮煤设施、带式输送机、筛碎设备以及混煤设施、运煤辅助设施的配置、出力和工艺参数等；循环流化床锅炉除介绍干煤贮存设施、筛碎设备等外，还应说明石灰石破碎系统。

(2) 锅炉相关系统：

1) 制粉系统。论述及评估制粉系统技术方案、组成和设备配置。主要包括：制粉系统技术方案；磨煤机的型式、台数、出力等；一次风机的型式、台数等；密封风机的型式、台数等。

2) 烟风系统。论述及评估烟风系统技术方案、组成和设备配置。主要包括：烟风系统技术方案；送风机、引风机的型式、台数、驱动方式等，如果引风机等设备采用小汽轮机驱动的应说明技术方案、工艺流程和设计参数。

3) 烟气除尘及排放系统。论述及评估除尘及排放系统技术方案与设备配置。主要包括：除尘器设置方案、型式、台数、除尘效率；烟囱或排烟冷却塔的型式、高度、台数等。

4) 点火及助燃燃料系统。论述及评估项目点火技术及助燃方案和设备配置。

5) 启动锅炉。需设置启动锅炉的项目，应说明启动锅炉的型式、台数、容量、蒸汽参数、运行方式等。

循环流化床锅炉系统应根据项目实际情况，论述及评估锅炉点火及助燃的方式，给煤系统、石灰石粉储存及输送系统、烟风系统、床料系统、锅炉冷渣器等的设置方案、型式选择等。

（3）汽轮机相关系统：

1）主蒸汽、再热蒸汽和旁路系统。主要包括：过热蒸汽、再热蒸汽和旁路系统布置方式、压降及温降，优化及节能设计方案及措施要求等。

2）给水及回热系统。论述及评估给水及回热系统技术方案和设备配置。主要包括：给水系统技术方案，回热级数及流程；给水泵组配置方案，驱动方式，给水泵及前置泵的型式、布置方案，驱动汽轮机的设置方案、蒸汽参数、内效率等；高压加热器的型式、参数、端差要求等；除氧器的台数、型式、总出力、运行方式等。

3）凝结水系统。论述及评估给水系统技术方案与设备配置。主要包括：凝结水泵组的设置方案，凝结水泵的容量、台数、型式等；补给水泵的配置等；低压加热器的型式、参数、端差要求等。如配置低压加热器疏水泵，应说明疏水泵的台数、容量和配置，调节方式等。

4）辅机冷却水系统。论述及评估辅机冷却水系统技术方案与设备配置。主要包括：辅机冷却水系统的水源、冷却形式，冷却塔的型式、容量和台数，冷却水泵或升压水泵的容量、台数等。

5）凝汽器及辅助设施。论述及评估冷端系统技术方案及设备配置。主要包括：凝汽器面积、端差，清洗装置的设置方案，抽真空系统设备的配置方案，水环式真空泵的台数和容量等。

6）供热首站。论述和评估供热首站技术方案和设备配置。主要包括：热网加热器的设置、容量和台数、热网循环泵、疏水泵、补水泵的容量与台数、抽汽参数、回水量及回水参数、补水量及补水参数等，对于有工业抽汽的项目要分析工业抽汽参数选取的合理性、抽汽的调节方式等。

（4）电气设备及系统：

1）主要变压器。主要包括：主变压器、启备变、高压配电变压器等主要变压器的配置、台数、选型、容量、接线方式、冷却方式等。

2）电气系统。主要包括：电气主接线、交流厂用电系统、直流系统及交流不间断电源系统、照明系统等的设置方案及设备要求等。

（5）控制及信息系统。主要包括：分散控制系统、厂级监控信息系统和管理信息系统等的设置方案。

（6）除灰渣系统。论述和评估除灰渣系统技术方案与设备配置。主要包括：除渣系统设置方案，刮板捞渣机或风冷干式排渣机的设备出力；除灰系统设置方案，输送系统的出力，灰库的设置以及卸灰设施的配置等。

(7) 烟气脱硫、脱硝系统。论述和评估脱硫、脱硝系统技术方案与设备配置。主要包括：烟气脱硫工艺方案，吸收剂制备系统配置方案，脱硫吸收塔的型式、容量、数量，浆液循环泵的数量、出力，氧化风机的型式、台数、GGH设置方案、选型等；烟气脱硝工艺方案，脱硝还原剂的选择及储存、供应系统方案等。

(8) 水处理系统。结合项目拟选用水源的水质全分析资料，论述和评估水的预处理、预脱盐系统、锅炉补给水处理系统、汽轮机组凝结水精处理系统、冷却水处理系统及废水处理系统等的配置方案及设备工艺参数、能效要求等。

(9) 水工设施及系统：

1) 湿冷系统。论述和评估冷却塔技术方案及设备配置。主要包括：结合汽轮机特性，根据多年月平均水温、水位和温排水影响等，分析评估汽轮机背压、凝汽器面积等的设计参数的合理性和先进性；供水系统设置方案；循环水泵配置方案、驱动方式、调节方式等；湿式冷却塔的型式、设计方案等。

2) 空冷系统。根据当地气象条件，分析评估汽轮机背压，直接空冷系统冷却单元排（列）数、轴流风机选型及电动机配置等。间接空冷系统应计算空冷散热器面积、冷却水量、循环水泵参数、空冷塔选型等。当采用汽动给水泵时，应说明给水泵汽轮机的冷却方式。

2. 逐项针对各主要用能系统，对照相关行业规划、准入条件、节能设计标准、同类型可比先进机组采取的节能措施等逐项进行剖析评估，分析评价工艺方案是否有利于提高能效，存在哪些问题，可采用哪些先进节能技术措施。

3. 将本项目采用的生产工艺方案与行业内同类型企业的先进方案进行比较，分析在节能方面存在的差异，提出完善生产工艺方案的建议。分析本项目采用的生产工艺方案在行业内所处的地位（技术水平、能耗水平等方面）。

4. 对于扩建项目，评估是否能充分利用既有项目的基础设施和公共设施，避免重复建设。

5. 各项评估内容格式应按照：评估前……，评估认为（发现存在哪些节能方面的问题）……，评估提出……建议，评估后……调整为……（该建议写入节能评估报告即视为建设单位认可并采用该调整方案，对于没有采用的节能建议但评估单位认为很重要的，应放在第七章结论的建议部分论述）。

3.3.2 主要耗能设备节能评估

3.3.2.1 耗能设备能效水平评估

列出各主要耗能设备型式、能效水平等主要技术参数，对照国家能效标准、同类可比机组先进指标等依据对主要耗能设备能效水平进行评估，提出评估结论和建议。

主要用能设备应至少包括：一次风机、送风机、引风机、密封风机、氧化风机、空冷风机、给水泵及前置泵、凝结水泵、循环水泵、冷却水泵（升压水泵）、水环真空泵、空预器、磨煤机、浆液循环泵、高（低）压加热器、除氧器、除尘器、主变、启备变、高压厂变等。

【评估要点】

（1）泵应包含凝结水泵、给水泵、循环水泵等功率功率100kW及以上的水泵；风机应包含一次风机、送风机、引风机等功率100kW及以上的风机；变压器应包含主变压器、启动备用变压器、高压厂用变压器、低压厂用变压器等额定容量500kVA及以上的变压器。

（2）对于没有国家能效标准的设备，采用分析、计算、类比设备测试等，确定主要耗能设备的能耗指标，分析其能效水平。

主机能效水平评估表（样表）

项 目	单位	本项目设计值	××电厂××机组		××电厂××机组		评估结论
			设计保证值	性能试验值	设计保证值	性能试验值	
锅炉效率	%						
汽轮机额定工况热耗	kJ/kWh						
发电机效率	%						
…	…	…	…	…	…	…	…

（3）对于项目采用的启动锅炉、泵、风机、空压机、电动机、变压器等通用电气设备应列出主要技术参数（至少包括如设备效率、所配电动机功率和效率、比功率、空载损耗、负载损耗等能效指标），如果能够得到比较详细的参数，可参考如下样表列出；分析其容量选择的合理性，与国家相关能效标准进行

对标分析，评估能效水平，明确设备应满足的能效水平，应详细列明计算过程。

设备技术参数表（样表）

序号	项目名称	单位	TB 设计煤种	BMCR 设计煤种	BMCR 校核煤种	BRL 设计煤种
1	风机入口流量	m^3/s				
2	系统总阻力	Pa				
3	风机入口绝对压力	Pa				
4	进风温度	℃				
5	风机入口气体实际密度	kg/m^3				
6	风机轴功率	kW				
7	风机全压效率	%				
8	风机转速	r/min				
9	电机功率	kW				
10	电动机效率	%				

风机能效水平评估汇总表（样表）

| 设备名称 | 型式 | 轮毂比 | 压力系数 | 比转速 | 效率(%) | 《通风机能效限定值及能效等级》（GB 19761） | | | 评估结论 |
						1级	2级	3级	
一次风机									
引风机									
送风机									
…	…	…	…	…	…	…			…

注：1. 通风机相应能效等级对应数值可根据设备型式可从《离心鼓风机能效限定值及节能评价值》（GB 28381），《通风机能效限定值及能效等级》（GB 19761）等评估依据中选取；
2. 如果能够获得各风机的轮毂比、压力系数、比转速等参数，应列明；无法确定上述参数可参照同类先进机组对各风机效率提出要求并评估能效水平。

泵能效水平评估汇总表（样表）

设备名称	型式	流量（m³/h）	比转速	未修正效率值	效率修正值（%）	泵规定点效率值	《清水离心泵能效限定值及节能评价值》（GB 19762）节能评价值	评估结论
给水泵								
凝结水泵								
…	…	…	…	…	…	…		…

注：1. 清水离心泵节能评价值可根据设备型式可从《清水离心泵能效限定值及节能评价值》（GB 19762）等评估依据中选取；
2. 如果确定泵扬程和流量能够获得轮毂比、压力系数、比转速等参数，应列明；无法确定上述参数可参照同类先进机组对设备效率提出要求并评估能效水平。

空气压缩机能效水平评估表（样表）

设备名称	型式	额定排汽压力（MPa）	冷却方式	驱动电动机输入额定功率（kW）	机组输入比功率（kW/m³/min））	《容积式空气压缩机能效限定值及能效等级》（GB 19153）			评估结论
						1级	2级	3级	
空压机									
…	…	…	…	…	…				…

注：空压机各能效等级对应数值可根据设备型式可从《容积式空气压缩机能效限定值及能效等级》（GB 19153）等评估依据中选取。

变压器能效水平评估表（样表）

设备名称	型号	损耗参数		评估依据	对标参数		评估结论
		空载损耗	负载损耗		空载损耗	负载损耗	
主变压器				GB 24790 一级能效值			
高压厂用变压器				GB 20052 一级能效值			
启动备用变压器							
××配电变压器							
…							

注：对标参数中的空载损耗和负载损耗可根据设备型式可从《电力变压器能效限定值与等效等级》（GB 24790）、《三相配电变压器能效限定值及等效等级》（GB 20052）等评估依据中选取。

（4）对于目前没有相关能效水平标准的设备，应采取类比分析法，与近期投产可比机组设备能效水平进行类比分析，必要时可向相关设备生产厂商详细了解设备的能效水平，进而评估分析设备能效水平处于国内何种水平。

3.3.2.2 耗能设备耗电率水平评估

分析评估各主要设备如一次风机、送风机、引风机、凝结水泵、循环水泵、给水泵、磨煤机等主要设备耗电率，与同类可比机组数据进行对比，分析耗能合理性及节能潜力。

【评估要点】

（1）分析评估各主要设备如一次风机、送风机、引风机、凝结水泵、循环水泵、给水泵、磨煤机等主要设备耗电率，与同类可比机组数据进行对比（样表如下），分析耗能合理性及节能潜力。

主要设备耗电率对比评估表（样表）

项目	本项目耗电率	××电厂××机组	××电厂××机组	评估依据
一次风机				
送风机				
引风机				
凝水水泵				
循环水泵				
磨煤机				
…	…	…	…	…

（2）分析评估各系统如脱硫脱硝系统、除灰渣系统、化水系统等耗电率，与同类可比先进机组数据进行对比（样表如下），分析耗能合理性及节能潜力。

辅助及附属系统耗电率对比评估表（样表）

项目	本项目耗电率	××电厂××机组	××电厂××机组	评估结论
脱硫系统				
脱硝系统				
除灰系统				
化水				
…	…	…	…	…

3.3.2.3 耗能设备能效水平汇总

汇总列出项目主要耗能设备能效水平。

【评估要点】

汇总列出各主要耗能设备能效水平（样表如下）。

设备名称	能效指标	对比指标及来源	评估结论
……	……	……	……

3.4 辅助生产和附属生产设施节能评估

对压缩空气系统、保温油漆、汽轮机润滑油及变压器绝缘油处理系统、建筑、采暖、通风和空调等辅助生产和附属生产设施技术方案、用能情况及先进水平进行评估，提出评估结论和建议。

【评估要点】

1. 各辅助及附属用能系统包括但不限于以下内容：

（1）压缩空气系统。主要包括：仪表与控制用空气系统和检修用压缩空气系统的设置方案；压缩空气系统的设备选择，空压机的型式、容量，运行方式等。列表统计输入功率100kW及以上的空压机。依据相关能效标准，计算效率指标，并判断能效等级。若不具备计算条件，应明确提出能效要求。

（2）保温油漆。主要包括保温油漆设计方案等。

（3）汽轮机润滑油及变压器绝缘油处理系统。主要包括：汽轮机润滑系统设置方案，净化装置出力要求；变压器绝缘油净化装置设置方案等。

（4）建筑。对生产建筑、生产辅助和附属建筑的设计方案进行评估，主要包括主厂房、办公楼、运煤建筑物等，计算单位面积综合能耗、电耗等指标并进行对比分析。

（5）采暖、通风和空调。对项目各类建筑物的采暖、通风和空调系统的设置方案，室内、外设计参数，冷、热媒及其参数等进行评估。

2. 将本项目采用的生产工艺方案与行业内同类型企业的先进方案进行比较，分析在节能方面存在的差异，提出完善生产工艺方案的建议。分析本项目采用的生产工艺方案在行业内所处的地位（技术水平方面、能耗水平等方面）。评估办公楼、生活楼等建筑是否符合国家及地方相关建筑节能标准、规范要求。

3. 内容格式应按照：评估前……，评估认为……（发现存在哪些节能方面的问题），评估提出……建议，评估后建设方案调整为……（该建议写入节能评估报告即视为建设单位认可并采用该调整方案，对于没有采用的节能建议但评估单位认为很重要的，应放在第七章结论的建议部分论述）。

3.5 能源计量器具配备方案评估

按照《用能单位能源计量器具配备和管理通则》（GB/T 17167）和《火力发电企业能源计量器具配备和管理要求》（GB/T 21369）等标准要求，评估项目能源计量器具配备情况，能源计量相关管理规定，编制能源计量器具一览表（样表如下）、能源计量网络图，提出能源统计及检测、计量器具配备、测点的布置、专业人员配置等要求。

计量器具配备表（样表）

项　目	测量方式、方法	精度	参数	安装地点
蒸汽及水流量仪表				
…	…	…	…	…
压力计量仪表				
…	…	…	…	…
电气计量仪表				
…	…	…	…	…
煤量计量仪表				
…	…	…	…	…
…				
…	…	…	…	…

3.6 本章评估小结

汇总列出该章节主要评估结论。

4 节能措施评估

4.1 能评前节能技术措施评估

论述开展节能评估工作前项目已采用的、有针对性的、节能效果显著的节能措施并测算其节能量，评估其合理性及可行性。

【评估要点】

根据项目建设方案，重点突出项目在厂房平面布置、主辅机设备选型、材料选择、工艺流程和技术方案设计、热工自动化、建筑、给排水、暖通与空调、照明、电气等方面的具体的、突出的、有针对性节煤、节电、节油、节水措施。

包括节能新技术、新工艺、新设备应用，余热、余压、可燃气体回收利用，建筑围护结构及保温隔热措施，资源综合利用，可再生能源利用等，并同时分析节能技术措施的合理性和可行性。

4.2 能评阶段节能技术措施评估

依据项目节能评估、评审和审查环节提出的意见和建议，针对项目建设方案在节能方面存在的问题、可以继续提高的环节等，评估各项节能技术措施的技术方案、工艺流程和技术参数，核算节能效果。

【评估要点】

（1）评估论证能评阶段各项节能措施的针对性、可操作性和合理性。

（2）逐条详细论述节能措施技术方案、流程、参数等，分析计算节能措施的节能效果、成本及经济效益测算，有完整的节能量计算过程。

汇总列出节能评估阶段节能措施对应的定量技术指标变化和节能效果。

节能措施节能效果汇总表（样表）

节能措施	评估前	评估后	节能量（tce）	…
举例：提高锅炉效率	93.6%	94%	6000	
举例：优化回热系统	八级回热	九级回热		
…	…	…	…	
合计				

4.3 节能管理措施评估

论述项目节能管理、能源计量等方面采取的措施与方案，并进行评估。

【评估要点】

按照《能源管理体系要求》（GB/T 23331）、《工业企业能源管理导则》（GB/T 15587）等的要求，提出项目能源管理体系建设方案，能源管理中心建设以及能源统计、监控等节能管理方面的制度、措施和要求，包括节能管理机构和人员的设置情况等。

4.4 本章评估小结

汇总列出该章节主要评估结论。

5 项目能源利用情况和能效水平评估

5.1 能评前项目能源利用情况

根据能评前项目建设方案、相关规定、规范和标准的计算方法，复核项目主要技术指标。

【评估要点】

（1）所有计算均要有完整的计算方法、计算过程、数据来源等。

（2）核算能评前项目的核算发电煤耗、供电煤耗、供热煤耗、发电厂用电率、供热电耗、综合生产厂用电率、热电比、年发电量、年供电量、年供热量、发电热效率、综合热效率、年燃煤消费量、年综合能源消费量等指标。

采暖供热量结果汇总表（样表）

项　目	单　位	
采暖面积	$10^4 m^2$	
采暖热指标	W/m^2	
设计采暖热负荷	MW	
设计采暖热负荷供热量	GJ/h	
热网加热器效率	%	

续表

项　目	单　位	
采暖抽汽焓值	kJ/kg	
热网疏水温度	℃	
热网疏水焓值	kJ/kg	
设计采暖热负荷单台机组抽汽量	t/h	
单台机组最大采暖抽汽量	t/h	
单台机组采暖期平均供热量	GJ/h	
单台机组平均抽汽量	t/h	
采暖期总供热量	10^4GJ	
……	……	……

项目工业供热量汇总表（样表）

项　目	单　位	采暖期	制冷期	非采暖制冷期
平均供汽量	t/h			
供汽焓值	kJ/kg			
回水量	t/h			
回水焓值	kJ/kg			
补水量	t/h			
补水焓值	kJ/kg			
供热量	GJ/h			
供热时间	h			
总供热量	10^4GJ			
……	……	……	……	……

项目总供热量及供热比结果汇总表（样表）

项目	单位	采暖期		制冷期		非采暖制冷期
		工业	采暖	工业	制冷	工业
平均供汽量	t/h					
供汽焓值	kJ/kg					
回水量	t/h					
回水温度	℃					
回水焓值	kJ/kg					
补水量	t/h					
补水温度	℃					
补水焓值	kJ/kg					
供热量	GJ/h					
运行小时数	h					
总供热量	10^4GJ					
主蒸汽流量	t/h					
主蒸汽焓值	kJ/kg					
给水量	t/h					
给水焓值	kJ/kg					
再热蒸汽流量	t/h					
再热蒸汽焓值	kJ/kg					
高压缸排气量	t/h					
高压缸排汽焓值	kJ/kg					
总产热量	10^4GJ					
供热比	%					
…	…	…		…		…

（3）列出厂用电率计算表。

（4）列出能评前主要技术指标表。

能评前主要技术指标汇总表（样表）

项目	单位	采暖期	制冷期	非采暖制冷期	…	年总/年平均	纯凝工况
汽轮机热耗率	kJ/kWh						
锅炉效率	%						
热网首站换热效率	%						
管道效率	%						
发电功率	MW						
额定功率	MW						
利用小时数	h						
运行小时数	h						
发电量	10^8 kWh						
发电煤耗	gce/kWh						
工业供热量	GJ/h						
采暖供热量	GJ/h						
总供热量	GJ/h						
工业供热煤耗	kgce/GJ						
采暖供热煤耗	kgce/GJ						
平均供热煤耗	kgce/GJ						
燃煤量	10^4 tce						
厂用电计算负荷	kVA						
用于热网的厂用电计算负荷	kVA						
供热比	%						
供热电耗	kWh/GJ						
发电厂用电率	%						
综合生产厂用电率	%						
供电煤耗	gce/kWh						
供电量	10^8 kWh						
热电比	%						
综合热效率	%						

5.2 能评后项目能源利用情况

依据节能评估所提意见和建议进行调整和优化后的项目建设方案、相关规定、规范和标准的计算方法，重新核算项目的主要技术指标；列出能评前后各技术指标对比表；核算项目综合能源消费量；分析能源加工、转换和利用情况，编制企业能量平衡表、绘制企业能量平衡网络图。

【评估要点】

（1）所有计算结果汇总样表与能评前相同。

（2）所有计算均要明确计算方法、计算过程、数据来源等。

（3）根据节能评估过程中所提节能措施及节能效果，核算发电煤耗、供电煤耗、供热煤耗、发电厂用电率、供热电耗、综合生产厂用电率、热电比、年发电量、年供电量、年供热量、发电热效率、综合热效率、年燃煤消费量、年综合能源消费量等指标。

（4）列出厂用电率计算表。

（5）列出能评后主要技术指标汇总表。

（6）列出评估前后主要技术指标对比表。

能评前后主要技术指标对比表（样表）

项　　目	单位	评估前	评估后	变化量
汽轮机热耗率	kJ/kWh			
锅炉效率	%			
热网首站换热效率	%			
管道效率	%			
发电量	10^8 kWh			
发电煤耗	gce/kWh			
工业供热量	GJ/h			
采暖供热量	GJ/h			
供热煤耗	kgce/GJ			
燃煤量	10^4 tce			

续表

项 目	单位	评估前	评估后	变化量
厂用电计算负荷	kVA			
用于热网的厂用电计算负荷	kVA			
供热比	%			
供热电耗	kWh/GJ			
发电厂用电率	%			
综合生产厂用电率	%			
供电煤耗	gce/kWh			
供电量	10^8 kWh			
热电比	%			
综合热效率	%			

（4）根据项目能源消费和供应情况，核算能评前后综合能源消费当量值和等价值，列出详细计算过程，样表如下。

能评前后项目综合能源消费量对标（样表）

名称	主要耗能种类	计量单位	能评前 实物量	能评前 折标准煤（tce）	能评后 实物量	能评后 折标准煤（tce）	调整（后-前）(tce)
输入	原煤	10^4 t					
	柴油	t					
输出	供电量	10^8 kWh		（当量值）		（当量值）	
				（等价值）		（等价值）	
	供热量	10^4 GJ					
综合能源消费	—	tce		当量值		当量值	
				等价值		等价值	

注：能评前电力等价值折标系数为××gce/kWh，能评后电力等价值折标系数为××gce/kWh。

（5）根据《企业能量平衡网络图绘制方法》（GB/T 28749）和《企业能

量平衡表编制方法》（GB/T 28751）分析项目能源加工、转换和利用情况。

5.3 项目能效水平评估

可采用标准对照法、类比分析法、专家判断等方法评估项目能效水平。

【评估要点】

（1）通过与现行国家标准、行业标准、地方标准、产业政策规定、行业发布的权威数据或同类先进水平项目的数据进行能耗指标的对比分析，从而评估判断项目厂用电率、供电煤耗等指标达到国内外同行业何种水平。

（2）可分为国际先进、国内领先、国内先进、国内一般、国内落后等水平层次。

项目能效水平评估表（样表）

项目指标	本项目	准入值	先进值	××电厂××机组		××电厂××机组		…	评估结论
发电煤耗（gce/kWh）				设计保证值	性能试验值	设计保证值	性能试验值		
供电煤耗（gce/kWh）									
发电厂用电率（%）									
综合生产厂用电率（%）									
供热煤耗（kgce/kWh）									
供热电耗（kWh/GJ）				…	…	…	…		
…									

5.4 本章评估小结

汇总列出该章节主要评估结论。

6 项目能源消费及对所在地影响评估

6.1 项目对所在地完成节能目标的影响评估

评估项目对所在地完成节能目标的影响。

【评估要点】

（1）核算项目年工业总产值和年工业增加值。

（2）根据项目综合能源消费当量值和等价值计算单位工业增加值能耗和项目单位增加值能耗。

（3）对比分析项目单位增加值能耗对项目所在地实现节能目标的影响。

6.2 项目对所在地能源消费增量的影响评估

评估项目用能对所在地能源消费增量的影响。

【评估要点】

（1）根据项目所在地节能目标、单位地区生产总值能耗、地区生产总值、国民经济发展规划、能源发展规划等资料，计算项目所在地省市两级能源消费增量预测限额。

（2）计算项目综合能源消费量占所在地能源消费增量的比重，评估项目综合能源消费量对项目所在地能源消费的影响。

6.3 燃煤等量或减量置换方案

对于重点区域，如果有燃煤等量或减量置换要求，则根据前述章节核算燃煤量，论述燃煤等量或减量置换方案。

6.4 本章评估小结

汇总列出该章节主要评估结论。

7 结论与建议

7.1 结论

（1）项目是否符合国家、地方和行业的节能相关法律法规、政策要求、标准规范；

（2）项目主要能效指标评估结论；

（3）有无采用国家明令禁止和淘汰的落后工艺及设备，列出主要用能设备能效水平评估结论；

（4）项目采取的节能措施及效果评估。

（5）项目能源消费总量及落实情况；

（6）项目综合能源消费量及对项目所在地能源消费的影响；

（7）项目单位增加值能耗及对项目所在地节能目标实现的影响；

7.2 建议

根据节能评估情况，指出项目在建设方案、节能技术和节能管理措施等方面存在的节能评估中无法解决的问题，或节能评估阶段无法确定实施但存在较大节能潜力的节能措施，可提出相关建议。

8 附件

1. 厂区总平面图、主厂房平面布置图；
2. THA 工况、采暖抽汽工况、工业抽汽工况热平衡图；
3. 可行性研究报告相关资料；
4. 热源供应合作协议；
5. 煤种、煤质批复文件，煤质检测报告；
6. 供热规划批复；
7. 热电联产规划批复；
8. 热网可研批复；
9. 相关部门关于本项目供热区域或热负荷情况的批复；
10. 小火电机组（小锅炉房）关停方案以及相应的承诺文件；

11. 煤炭替代来源及替代削减量初步核定意见；
12. 地方价格主管部门出具的热力价格批复文件；
13. 矸石综合利用发电项目需提供有关部门对当地燃料来源的论证和批复文件。

参 考 资 料

1. 燃煤热电联产项目节能评估主要技术指标核算方法

本核算方法适用于蒸汽初参数为超高压及以上、单台机组容量在125MW及以上、采用直接燃烧方式、主要燃用固体化石燃料的火力发电机组，其他类型火力发电机组可参照使用。

一、折算系数

根据《火力发电厂技术经济指标计算方法》（DL/T 904—2004），标准煤发热量29271kJ。

即采用20℃卡（Cal20）：指1g纯水温度从19.5℃升高至20.5℃所需要的热量，1Cal20 = 4.1816J（《中国能源统计年鉴》附录中各种能源折标准煤参考系数按4.1816换算）。

按照《电力燃料名词术语》（DL/T 958—2005）和《大中型火力发电厂设计规范》（GB 50660—2011），确定折标系数如下：

标准煤发热量：29271kJ/kg
电力折标系数：0.123kgce/kWh
热量折标系数：34.16kgce/GJ

二、纯凝机组主要指标计算

（一）发电煤耗

发电煤耗 = THA工况热耗 /（29.271 × 管道效率 × 锅炉效率）

$$b_\mathrm{f} = \frac{q}{29.271 \eta_\mathrm{gl} \eta_\mathrm{gd}}$$

式中：b_f——发电煤耗，gce/kW·h；

q——汽轮机THA工况热耗率，kJ/(kW·h)；

η_gl——锅炉保证热效率，%；

η_gd——管道效率，%。

（二）发电厂用电率

根据《火力发电厂厂用电设计技术规定》（DLT 5153—2002）附录A中A1条方法计算。

$$e_\mathrm{d} = \frac{S_\mathrm{c} \cos\varphi_\mathrm{av}}{P_\mathrm{e}} \times 100\%$$

式中：e_d——发电厂用电率，%；
　　　S_c——厂用电计算负荷，kVA；
　　$\cos\varphi_{av}$——发电机在运行功率时的平均功率因数，一般取 0.8；
　　　P_e——发电机的额定功率，kW。

（三）发电量及发电厂用电量

年发电量＝额定发电功率×年利用小时数

$$W_f = P_e \times H$$

式中：W_f——年发电量，kW·h；
　　　H——年利用小时数，h。

年发电厂用电量＝年发电量×发电厂用电率

$$W_{fcy} = W_f \times e_d$$

式中：W_{fcy}——年发电厂用电量，kW·h。

1. 供电量及供电煤耗

年供电量＝年发电量－年发电厂用电量

$$W_g = W_f - W_{fcy}$$

式中：W_g——年供电量，kW·h；

供电煤耗＝发电煤耗／（1－发电厂用电率）

$$b_g = \frac{b_f}{(1 - e_d)}$$

式中：b_g——发电煤耗，gce/kW·h。

（四）年耗标煤量

年耗标煤量＝发电煤耗×年发电量

$$B_b = b_f \times W_f \times 10^{-6}$$

式中：B_b——年耗标煤量，tce。

（五）总发电热效率

总发电热效率＝（发电量×3600）／（年耗标煤量×29271）×100%

　　或＝汽轮机组效率×锅炉效率×管道效率

$$\eta = \frac{W_f \times 3600}{B_b \times 10^3 \times 29271} \times 100\%$$

$$\eta = \frac{3600}{q} \times 100\% \times \eta_{gd} \times \eta_{gl}$$

式中：η——总发电热效率，%。

三、热电联产机组主要指标计算

（一）发电煤耗

1. 采暖期发电煤耗

根据项目承担供热面积核算年采暖供热量，并结合机组抽汽参数和热网加热器疏水参数核算平均采暖抽汽量，以相应采暖抽汽和工业抽汽的热平衡图为依据核算发电煤耗。

采暖期发电煤耗＝相应抽汽工况热耗/（29.271×管道效率×锅炉效率）

$$b_{cf} = \frac{q_c}{29.271 \eta_{gl} \eta_{gd}}$$

式中：b_{cf}——采暖期发电煤耗，gce/kW·h；

q_c——相应抽汽工况下热耗率，kJ/（kW·h）；

η_{gl}——锅炉保证热效率，%；

η_{gd}——管道效率，%。

注：如果采暖期有工业抽汽，则热耗率为工业抽汽与采暖抽汽对应工况热耗率。

2. 非采暖期发电煤耗

（1）无工业抽汽

非采暖期发电煤耗＝THA工况热耗/（29.271×管道效率×锅炉效率）

$$b_{ff} = \frac{q}{29.271 \eta_{gl} \eta_{gd}}$$

式中：b_{ff}——非采暖期发电煤耗，gce/kW·h；

q——汽轮机THA工况热耗率，kJ/（kW·h）；

（2）有工业抽汽

非采暖期发电煤耗＝相应工业抽汽工况热耗/（29.271×管道效率×锅炉效率）

$$b_{ff} = \frac{q_{gc}}{29.271 \eta_{gl} \eta_{gd}}$$

式中：q_{gc}——相应工业抽汽工况下热耗率，kJ/（kW·h）。

3. 年均发电煤耗

年均发电煤耗＝（采暖期发电煤耗×采暖期利用小时数＋非采暖期发电煤耗×非采暖期利用小时数）/年利用小时数

$$b_f = \frac{b_{cf} \times H_{cn} + b_{ff} \times H_{fcn}}{H}$$

式中：b_f ——年均发电煤耗，gce/kW·h；

H_{cn} ——采暖期利用小时数，h；

H_{fcn} ——非采暖期利用小时数，h；

H ——年利用小时数，h。

注：采暖期利用小时数 = 采暖期运行小时数（采暖期）×（相应抽汽工况发电功率/额定发电功率）

非采暖期利用小时数 = 年利用小时数 - 采暖期利用小时数

（二）供热量

供热量 Q_r = 直接供热量 Q_{r1} + 间接供热量 Q_{r2}

1. 直接供热量

$$Q_{r1} = \left[\sum(D_i h_i) - \sum(D_j h_j) - \sum(D_k h_k)\right] \times 10^{-3}$$

式中：D_i ——单位时间内的供汽（水）量，kg/h；

h_i ——供汽（水）焓值，kJ/kg；

D_j ——单位时间内的回水量，kg/h；

h_j ——回水焓值，kJ/kg；

D_k ——单位时间内用于供热补水量，kg/h；

h_k ——用于供热的补水焓值，kJ/kg。

2. 间接供热量

$$Q_{r2} = \left[\frac{\sum(D_i h_i) - \sum(D_j h_j) - \sum(D_k h_k)}{\eta_{rw}}\right] \times 10^{-3}$$

式中：η_{rw} ——热网加热器效率，%；

（三）综合生产厂用电率

热电联产机组综合生产厂用电率指综合考虑发电厂用电率和供热厂用电率对应的厂用电率。

计算方法参考《火力发电厂厂用电设计技术规定》（DLT 5153—2002）附录 A 中 A2 条，但对其中有关参数定义进行了调整。

1. 采暖期供热厂用电率

$$e_{cr} = \frac{[(S_c - S_{coZW})\alpha_r + S_{coZW}]\cos\varphi_{av}}{Q_r} \times 10^3$$

式中：e_{cr} ——供热厂用电率，kWh/GJ；

S_c ——厂用电计算负荷，kVA；

S_{coZW} ——用于热网的厂用电计算负荷，kVA；

$\cos\varphi_{av}$ ——发电机在运行功率时的平均功率因数，一般取 0.8；

α_r——供热比,供热用热量与总耗热量之比,%;

Q_r——单位时间供热用的热量,MJ/h。

注:有工业抽汽时,Q_r 为用于采暖和工业供热量之和。

2. 采暖期发电厂用电率

$$e_{cfd} = \frac{[(S_c - S_{coZW})(1 - \alpha_r)]\cos\varphi_{av}}{P_{ce}} \times 100\%$$

式中:e_{cfd}——采暖期发电厂用电率,%;

P_{ce}——相应抽汽工况下的发电功率,kW。

$$\alpha_r = \frac{Q_r \times 10^3}{D_{zq}h_{zq} - W_{gs}h_{gs} + D_{zr}h_{zr} - D_{lzr}h_{lzr} - D_{zj}h_{zj} - D_{gj}h_{gj}}$$

式中:D_{zq}——汽轮机主蒸汽流量,kg/h;

h_{zq}——汽轮机主蒸汽焓值,kJ/kg;

W_{gs}——给水流量,kg/h;

h_{gs}——给水焓值,kJ/kg;

D_{zr}——汽轮机再热蒸汽流量,kg/h;

h_{zr}——汽轮机再热蒸汽焓值,kJ/kg;

D_{lzr}——冷再热蒸汽流量,kg/h;

h_{lzr}——冷再热蒸汽焓值,kJ/kg;

D_{zj}——再热器减温水流量,kg/h;

h_{zj}——再热器减温水焓值,kJ/kg;

D_{gj}——过热器减温水流量,kg/h;

h_{gj}——过热器减温水焓值,kJ/kg。

3. 非采暖期厂用电率计算

(1) 无工业抽汽工况(纯凝)

$$e_{ffd} = \frac{S_c \cos\varphi_{av}}{P_e} \times 100\%$$

式中:e_{ffd}——非采暖期发电厂用电率,%;

P_e——发电机的额定功率,kW。

(2) 有工业抽汽工况

非采暖期供热厂用电率:

$$e_{fr} = \frac{S_c \alpha'_r \cos\varphi_{av}}{Q'_r} \times 10^3$$

式中:e_{fr}——非采暖期供热厂用电率,kWh/GJ;

Q'_r ——单位时间工业供热用的热量,MJ/h;

α'_r ——供热比,工业供热量与总耗热量之比,%。

非采暖期发电厂用电率：

$$e_{ffd} = \frac{[S_c(1-\alpha'_r)]\cos\varphi_{av}}{P_{fe}} \times 100\%$$

式中：e_{ffd} ——非采暖期发电厂用电率,%;

P_{fe} ——相应工业抽汽工况下的发电功率,kW。

4. 综合生产厂用电率计算

（1）年发电厂用电率

年发电厂用电率 =（采暖期发电厂用电量 + 非采暖期发电厂用电量）/（年发电量 - 年供热厂用电量）

$$e_{fd} = \frac{W_{cfdcy} + W_{ffdcy}}{W_f - W_{cgrcy} - W_{fgrcy}}$$

式中：e_{fd} ——年发电厂用电率,%;

W_{cfdcy} ——采暖期发电厂用电量,kWh;

W_{ffdcy} ——非采暖期发电厂用电量,kWh;

W_f ——年发电量,kWh;

W_{cgrcy} ——采暖期供热厂用电量,kWh;

W_{fgrcy} ——非采暖期供热厂用电量,kWh。

（2）年综合生产厂用电率

无工业抽汽：

年综合生产厂用电率 =（采暖期综合生产厂用电量 + 非采暖期发电厂用电量）/年发电量

$$e_{zh} = \frac{W_{czhcy} + W_{ffdcy}}{W_f}$$

式中：e_{zh} ——年综合生产厂用电率,%;

W_{czhcy} ——采暖期综合生产厂用电量,kWh。

有工业抽汽：

年综合生产厂用电率 =（采暖期综合生产厂用电量 + 非采暖期综合生产厂用电量）/年发电量

$$e_{zh} = \frac{W_{czhcy} + W_{fzhcy}}{W_f}$$

式中：W_{fzhcy} ——非采暖期综合生产厂用电量,kWh。

（四）发电量及厂用电量

1. 采暖期发电量及厂用电量

采暖期发电量 = 额定发电功率 × 采暖期利用小时数

$$W_{cf} = P_e \times H_{cn}$$

式中：W_{cf}——采暖期发电量，kWh；

H_{cn}——采暖期利用小时数，h。

采暖期发电厂用电量：采暖期发电量 × 采暖期发电厂用电率

$$W_{cfdcy} = W_{cf} \times e_{cfd}$$

W_{cfdcy}——采暖期发电厂用电量，kWh；

W_{cf}——采暖期发电量，kWh；

e_{cfd}——采暖期发电厂用电率，%。

采暖期供热厂用电量：供热量 × 供热厂用电率

$$W_{cgrcy} = \frac{Q_r \times H_{cyx} \times e_{cr}}{1000}$$

W_{cgrcy}——采暖期供热厂用电量，kWh。

采暖期综合生产厂用电量 = 采暖期发电量 × 采暖期发电厂用电率 + 供热量 × 供热厂用电率

$$W_{czhcy} = W_{cfdcy} + W_{cgrcy}$$

W_{czhcy}——采暖期综合厂用电量，kWh。

2. 非采暖期发电量及厂用电量

（1）无工业抽汽工况

非采暖期发电量 = 额定发电功率 × 非采暖期利用小时数

$$W_{ff} = P_e \times H_{fcn}$$

式中：W_{ff}——非采暖期发电量，kWh；

H_{fcn}——采暖期利用小时数，h。

非采暖期发电厂用电量 = 非采暖期发电量 × 非采暖期发电厂用电率

$$W_{ffdcy} = W_{ff} \times e_{ffd}$$

（2）有工业抽汽工况

非采暖期发电量 = 额定发电功率 × 非采暖期利用小时数

$$W_{ff} = P_e \times H_{fcn}$$

非采暖期发电厂用电量 = 非采暖期发电量 × 非采暖期发电厂用电率

$$W_{ffdcy} = W_{ff} \times e_{ffd}$$

非采暖期供热厂用电量 = 工业供热量 × 工业供热厂用电率

$$W_{\text{fgrcy}} = \frac{Q'_{\text{r}} \times H_{\text{fyx}} \times e_{\text{fr}}}{1000}$$

式中：W_{fgrcy}——非采暖期供热厂用电量，kWh。

非采暖期综合厂用电量 = 非采暖期发电厂用量 + 非采暖期供热厂用电量

$$W_{\text{fzhcy}} = W_{\text{ffdcy}} + W_{\text{fgrcy}}$$

3. 年发电量及年厂用电量

年发电量 = 采暖期发电量 + 非采暖期发电量

$$W_{\text{f}} = W_{\text{cf}} + W_{\text{ff}}$$

无工业抽汽时：

年厂用电量 = 采暖期综合生产厂用电量 + 非采暖期发电厂用电量

$$W_{\text{cy}} = W_{\text{czhcy}} + W_{\text{ffdcy}}$$

有工业抽汽时：

年厂用电量 = 采暖期综合生产厂用电量 + 非采暖期综合生产厂用电量

$$W_{\text{cy}} = W_{\text{czhcy}} + W_{\text{fzhcy}}$$

（五）供电量及供电煤耗

年供电量 = 年发电量 − 年厂用电量

$$W_{\text{g}} = W_{\text{f}} - W_{\text{cy}}$$

式中：W_{g}——年供电量，kWh。

采暖期供电量 = 采暖期发电量 − 采暖期综合生产厂用电量

$$W_{\text{cng}} = W_{\text{cf}} - W_{\text{czhcy}}$$

式中：W_{cng}——采暖期供电量，kWh。

年均供电煤耗 = 年均发电煤耗 / (1 − 年发电厂用电率)

$$b_{\text{g}} = \frac{b_{\text{f}}}{(1 - e_{\text{fd}})}$$

（六）供热煤耗

供热煤耗 = 34.16 / (管道效率 × 锅炉效率)

$$b_{\text{r}} = \frac{34.16}{(\eta_{\text{gd}} \times \eta_{\text{gl}})}$$

式中：b_{r}——供热煤耗，kgce/GJ。

（七）年标煤耗量

年耗标煤量 = 发电煤耗 × 年发电量 + 年采暖供热量 × 采暖供热煤耗 + 年工

业供热量×工业供热煤耗

$$B_b = b_f \times W_f \times 10^{-6} + (Q_{cn} + Q_{gy}) \times b_r \times 10^{-3}$$

式中：B_b ——年耗标煤量，tce；

Q_{cn} ——年采暖供热量，GJ；

Q_{gy} ——年工业供热量，GJ。

（八）热电比

年均热电比 = 年总供热量／（供电量×3600 千焦/千瓦时）×100%

$$R = \frac{Q \times 10^6}{W_g \times 3600} \times 100\%$$

式中：

Q——年总供热量，GJ。

采暖期热电比 = 采暖期总供热量／（采暖期供电量×3600 千焦/千瓦时）×100%

$$R' = \frac{Q' \times 10^6}{W_{cng} \times 3600} \times 100\%$$

式中：Q' ——采暖期总供热量，GJ。

（九）综合热效率

综合热效率 =（年总供热量 + 年供电量×3600 千焦/千瓦时）／（燃料总消耗量×燃料单位低位热值）×100%

$$\eta = \frac{Q \times 10^6 + W_g \times 3600}{B_b \times 29271 \times 10^3} \times 100\%$$

2. 产业结构调整指导目录（2011年本）（2013年修正）（电力行业摘录）

（国家发展和改革委员会令〔2013〕第21号）

(2011年3月27日国家发展改革委第9号令公布，根据2013年2月16日国家发展改革委第21号令公布的《国家发展改革委关于修改〈产业结构调整指导目录（2011年本）〉有关条款的决定》修正)

为了更好地适应转变经济发展方式的需要，根据《国务院关于发布实施〈促进产业结构调整暂行规定〉的决定》（国发〔2005〕40号），我委会同国务院有关部门对《产业结构调整指导目录（2011年本）》有关条目进行了调整，形成了《国家发展改革委关于修改〈产业结构调整指导目录（2011年本）〉有关条款的决定》，现予公布，自2013年5月1日起施行。法律、行政法规和国务院文件对产业结构调整另有规定的，从其规定。

主任：张平

2013年2月16日

产业结构调整指导目录（电力行业摘录）

电力鼓励类：

1. 水力发电
2. 单机60万千瓦及以上超临界、超超临界机组电站建设
3. 采用背压（抽背）型热电联产、热电冷多联产、30万千瓦及以上热电联产机组
4. 缺水地区单机60万千瓦及以上大型空冷机组电站建设
5. 重要用电负荷中心且天然气充足地区天然气调峰发电项目
6. 30万千瓦及以上循环流化床、增压流化床、整体煤气化联合循环发电等洁净煤发电
7. 单机30万千瓦及以上采用流化床锅炉并利用煤矸石、中煤、煤泥等发电
8. 500千伏及以上交、直流输变电
9. 在役发电机组脱硫、脱硝改造

10. 电网改造与建设
11. 继电保护技术、电网运行安全监控信息技术开发与应用
12. 大型电站及大电网变电站集约化设计和自动化技术开发与应用
13. 跨区电网互联工程技术开发与应用
14. 输变电节能、环保技术推广应用
15. 降低输、变、配电损耗技术开发与应用
16. 分布式供电及并网技术推广应用
17. 燃煤发电机组脱硫、脱硝及复合污染物治理
18. 火力发电脱硝催化剂开发生产
19. 水力发电中低温水恢复措施工程、过鱼措施工程技术开发与应用
20. 大容量电能储存技术开发与应用
21. 电动汽车充电设施
22. 乏风瓦斯发电技术及开发利用
23. 垃圾焚烧发电成套设备
24. 分布式电源

电力限制类：

1. 小电网外，单机容量 30 万千瓦及以下的常规燃煤火电机组
2. 小电网外，发电煤耗高于 300 克标准煤/千瓦时的湿冷发电机组，发电煤耗高于 305 克标准煤/千瓦时的空冷发电机组
3. 无下泄生态流量的引水式水力发电

电力淘汰类：

（三）电力

1. 大电网覆盖范围内，单机容量在 10 万千瓦以下的常规燃煤火电机组
2. 单机容量 5 万千瓦及以下的常规小火电机组
3. 以发电为主的燃油锅炉及发电机组
4. 大电网覆盖范围内，设计寿命期满的单机容量 20 万千瓦以下的常规燃煤火电机组

3. 关于发展热电联产的规定

（急计基础〔2000〕1268号）

关于印发《关于发展热电联产的规定》的通知

各省、自治区、直辖市及计划单列市计委、经贸委、建委（建设厅）、环保局、电力局，国务院有关部门：

为实现两个根本性转变，实施可持续发展战略，促进热电联产事业的健康发展，落实《中华人民共和国节约能源法》中关于"国家鼓励发展热电联产、集中供热，提高热电机组的利用率"的规定，国家计委、国家经贸委、国家环保局、建设部联合对原《关于发展热电联产的若干规定》（计交能〔1998〕220号）进行了修订和补充，现印发给你们，请按照执行。

中华人民共和国国家发展计划委员会
中华人民共和国国家经济贸易委员会
中华人民共和国建设部
国家环境保护总局
二〇〇〇年八月二十五日

关于发展热电联产的规定

热电联产具有节约能源、改善环境、提高供热质量、增加电力供应等综合效益。热电厂的建设是城市治理大气污染和提高能源利用率的重要措施，是集中供热的重要组成部分，是提高人民生活质量的公益性基础设施。改革开放以来，我国热电联产事业得到了迅速发展，对促进国民经济和社会发展起了重要作用。为实施可持续发展战略，实现两个根本性转变，推动热电联产事业的发展，特作如下规定：

第一条 各地区在制定实施《中华人民共和国节约能源法》、《中华人民共和国环境保护法》、《中华人民共和国电力法》、《中华人民共和国煤炭法》和《中华人民共和国大气污染防治法》和《中华人民共和国城市规划法》等法律细则和相关地方法规时，应结合当地的实际情况，因地制宜的制定发展和推广热电联产、集中供热的措施。

第二条 各地区在制定发展规划时，应坚持环境保护基本国策，认真贯彻执行"能源节约与能源开发并举，把能源节约放在首位"的方针，按照建设部、国家计委《关于加强城市供热规划管理工作的通知》的规定（建城〔1995〕126号），认真编制和审查城市供热规划。依据本地区《城市供热规划》、《环境治理规划》和《电力规划》编制本地区的《热电联产规划》。

在进行热电联产项目规划时，应积极发展城市热水供应和集中制冷，扩大夏季制冷负荷，提高全年运行效率。

第三条 热电联产规划必须按照"统一规划、分步实施、以热定电和适度规模"的原则进行，以供热为主要任务，并符合改善环境、节约能源和提高供热质量的要求。

第四条 各级计委负责热电联产的规划和基本建设项目的审批，各级经贸委负责热电联产的生产管理、热点联产技术改造规划的制定的审批，各级建设部门是城市供热行业管理部门，各级环保部门要依照相关的环保法规对热电联产进行监督。

第五条 根据国家能源与环保政策，各地区应根据能源供应条件和优化能源结构的要求，从改善环境质量、节约能源和提高供热质量出发，优化热电联产的燃料供应方案。

第六条 在国务院新的固定资产投资管理办法出台前，热电联产审批暂按以下规定执行：

1. 单机容量25兆瓦及以上热电联产基本项目及总发电容量及25兆瓦及以上燃气—蒸汽联合循环热电联产机组，报国家计委审批。

2. 单机容量25兆瓦以下的热电联产基本建设项目及总发电容量25兆瓦以下的燃气—蒸汽联合循环热电联产机组，由省、自治区、直辖市及计划单列市计委组织审批，报国家计委备案。

3. 现有凝汽发电机组改造为热电联产工程、热电联产技术改造工程和燃料结构变更与综合利用的热电联产技术改造工程，总投资大于5000万元的项目，由国家经贸委审批；总投资小于5000万元的项目，由省、自治区、直辖市经贸委审批，报国家经贸委备案。

4. 外商投资热电厂工程总造价3000万美元及以上项目，基本建设项目报国家计委审批；技术改造工程由国家经贸委审批。

5. 热电厂、热力网、粉煤灰综合利用项目应同时审批、同步建设、同步验收投入使用。热力网建设资金和粉煤灰综合利用项目不落实的，热电厂项目不予审批。

第七条 各类热电联产机组应符合下列指标：

一、供热式汽轮发电机组的蒸汽流既发电又供热的常规热电联产。应符合下列指标：

1. 总热效率年平均大于45%。

总热效率=（供热量+供电量×3600千焦/千瓦时）/（燃料总消耗量×燃料单位低位热值）×100%

2. 热电联产的热电比：

（1）单机容量在50兆瓦以下的热电机组，其热电比年平均应大于100%；

（2）单机容量在50兆瓦至200兆瓦以下的热电机组，其热电比年平均应大于50%；

（3）单机容量200兆瓦及以上抽汽凝汽两用供热机组，采暖期热电比应大于50%。

热电比=供热量/（供电量×3600千焦/千瓦时）×100%

二、燃气—蒸汽联合循环热电联产系统包括：燃气轮机+供热余热锅炉、燃气轮机+余热锅炉+供热式汽轮机。燃气—蒸汽联合循环热电联产系统应符合下列指标：

1. 总热效率年平均大于55%

2. 各容量等级燃气—蒸汽联合循环热电联产的热电比年平均应大于30%

第八条 符合上述指标的新建热电厂或扩建热电厂的增容部分免交上网配套费，电网管理部门应允许并网。投产第一年按批准可行性研究报告中确定的全年平均热电比和总效率签定上网电量合同。在保证供热和机组安全运行的前提下供热机组可参加调峰（背压机组不参加调峰）。国家和省、自治区、直辖市批准的开发区建设的热电厂投产三年之后；以及现有热电厂经技术改造后，达不到第七条规定指标的，经报请省级综合经济部门核准，按实际热负荷核减结算电量，对超发部分实行无偿调度。

第九条 热电联产能有效节约能源，改善环境质量，各地区、各部门应给予大力支持。热电厂应根据热负荷的需要，确定最佳运行方案，并以满足热负荷的需要为主要目标。地区电力管理部门在制定热电厂电力调度曲线时，必须充分考虑供热负荷曲线变化和节能因素，不得以电量指标限制热电厂对外供热，更不得迫使热电厂减压减温供汽，否则将依据《中华人民共和国节约能源法》和《中华人民共和国反不正当竞争法》第二十三条追究有关部门领导和当事人的责任，并赔偿相应的经济损失。

第十条 城市热力网是城市基础设施的一部分，各有关部门均应大力支持其建设，使城市热力网与热电厂配套建设，同时投入使用，充分发挥效益。

第十一条　凡利用余热、余气、城市垃圾和煤矸石、煤泥和煤层气等作为燃料的热电厂，按《国务院批转国家经贸委等部门关于进一步开展综合利用意见的通知》文件执行（国发〔1996〕36号）。

第十二条　在有稳定热负荷的地区，进行中小凝汽机组改造时，应选择预期寿命内的机组安排改造为供热机组，并必须符合本规定第七条的要求。

第十三条　鼓励使用清洁能源，鼓励发展热、电、冷联产技术和热、电、煤气联供，以提高热能综合利用效率。

第十四条　积极支持发展燃气—蒸汽联合循环热电联产。

1. 燃气—蒸汽联合循环热电联产污染小、效率高及靠近热、电负荷中心。国家鼓励以天然气、煤层气等气体为燃料的燃气—蒸汽联合循环热电联产。

2. 发展燃气—蒸汽联合循环热电联产应坚持适度规模。根据当地热力市场和电力市场的实际情况，以供热为主要目的，尽力提高资源综合利用效率和季节适应性，可采用余热锅炉补燃措施，不宜片面扩大燃机容量和发电容量。

3. 根据燃气燃气—蒸汽联合循环热电厂具有大量稳定用气和为天燃气管网提供调峰支持特点，合理制定天然气价格。

4. 以小型燃气发电机组和余热锅炉等设备组成的小型热电联产系统，适用于厂矿企业，写字楼、宾馆、商场、医院、银行、学校等较分散的公用建筑。它具有效率高、占地小、保护环境、减少供电线损和应急突发事件等综合功能，在有条件的地区应逐步推广。

第十五条　供热锅炉单台容量20吨/时及以上者，热负荷年利用大于4000小时，经技术经济论证具有明显经济效益的，应改造为热电联产。

第十六条　在已建成的热电联产集中供热和规划建设热电联产集中供热项目的供热范围内，不得再建燃煤自备热电厂或永久性供热锅炉房。当地环保与技术监督部门不得再审批其扩建小锅炉。在热电联产集中供热工程投产后，在供热范围内经批准保留部分容量较大、设备状态较好的锅炉做为供热系统的调峰和备用外，其余小锅炉应由当地政府在三个月内明令拆除。

在现有热电厂的供热范围内，不应有分散燃煤小锅炉运行。已有的分散烧煤锅炉应限期停运。

在城市热力网的共热范围内，居民住宅小区应使用集中供热，不应再采用小锅炉等分散供热方式。

第十七条　各级政府有应积极推动环境治理和节约能源，实施可持续发展战略，在每年市政建设中安排一定比例的资金用于发展热电联产、集中供热。

第十八条 住宅采暖供热应积极推进以用户为单位按用热量计价收费的新体制。从2000年10月1日起，新建居民住宅室内采暖供热系统要按分户安装计量仪表设计和建设，推行按热量收费；原有居民住宅要在开展试点的基础上，逐步进行改造，到2010年基本实现供热计量收费。

第十九条 热电联产项目接入电力系统方案，电力管理部门必须及时提出审查意见。热力管网走向和敷设方式必须由当地城市建设管理部门及时提出审查意见。

第二十条 热电联产项目的建设、安装、调试、验收、投产必须遵照固定资产投资项目的管理程序和有关规定执行。在热电厂和城市热网的建设过程中应分别接受电力及城市建设管理等部门的监督。

第二十一条 热电厂热价、电价应按《中华人民共和国价格法》和《中华人民共和国电力法》的规定制定。热电联产热价、电价的制定应充分考虑热电厂节约能源、保护环境的社会效益，在兼顾用户承受能力的前提下，本着热、电共享的原则合理分摊，由各级价格行政管理部门按价格管理权限指定公平、合理的价格。

第二十二条 本规定自发布之日起施行。本文发布单位的其它文件中有关热电联产的部门，凡与本文不符的应与本文为准。

第二十三条 本规定由国家发展计划委员会商国家经济贸易委员会、建设部、国家环保总局进行解释。

4. 关于燃煤电站项目规划和建设有关要求的通知

（国家发展改革委 2004 年 6 月 16 日发布，发改能源〔2004〕864 号）

近年来，随着我国经济的迅速发展和人民生活质量的不断提高，电力需求增长持续攀升，不少地区出现电力供应紧张的状况。为尽快缓解电力供需矛盾，国家抓紧制定电力规划，增加了电站建设规模，加快了电力建设步伐。但在燃煤电站项目前期工作中，出现了布局不合理、质量下降等问题，有的项目忽视了国家关于技术进步、环境保护、节约用水等方面的规定。

为了贯彻落实党中央关于树立科学发展观的精神，促进国民经济、能源和环境的协调发展，针对我国能源以煤为主的国情，必须高度重视燃煤电站规划及建设的各方面因素，尽快提升燃煤电站技术水平，严格执行国家产业政策和环境排放标准，规范电站项目建设，确保电力工业可持续发展。现将有关要求通知如下：

一、统筹规划，做好电站布局

燃煤电站项目要高度重视规划布局合理性。我国能源资源和电力负荷在地域上分布不均，电站规划布局需要符合我国一次能源总体流向，综合平衡煤源、水源、电力负荷、接入系统、交通运输、环境保护等电站建设必要条件，统筹考虑输煤与输电问题。现阶段，在电站布局上优先考虑以下项目：

利用原有厂址扩建项目和"以大代下"老厂改造项目；靠近电力负荷中心，有利于减轻电网建设和输电压力的项目；利用本地煤炭资源建设坑口或矿区电站以及港口、铁道路口等运输条件越好的电站项目；有利于电网运行安全，多方向、分散接入系统的项目。

二、提高机组效率，促进技术升级

从长远看，我国一次能源是紧缺的，环境容量有限，电力建设必须提高效率，保护环境。除西藏、新疆、海南等地区外，其他地区应规划建设高参数、大容量、高效率、节水环保型燃煤电站项目，所选机组单机容量原则上应为 60 万千瓦及以上，机组发电煤耗要控制在 286 克标准煤/千瓦时以下。需要远距离运输燃煤的电厂，原则上规划建设超临界、超超临界机组。在缺乏煤炭资源的东部沿海地区，优先规划建设发电煤耗不高于 275 克标准煤/千瓦时的燃煤电站。

在煤炭资源丰富的地区，规划建设煤矿坑口或矿区电站项目，机组发电煤耗要控制在 298 克标准煤/千瓦时以下（空冷机组发电煤耗要控制在 305 克标准煤/千瓦时以下）。在生产外运煤炭的坑口和煤矿矿区，结合当地电力需求和资源条件，可利用先进适用发电技术，建设燃用洗中煤、泥煤及其它劣质煤的大中型电厂。鼓励发展煤电一体化投资项目。

三、严格执行国家环保政策

按照国家环保标准，除燃用特低硫煤的发电项目要预留脱留场地外，其它新建、扩建燃煤电站项目均应同步建设烟气脱硫设施。扩建电站的同时，应对该电站中未加装脱硫设施的已投运燃煤机组同步建设脱硫装置。鼓励发电企业时已运行的煤电机组实施除尘和脱硫改造。所有燃煤电站均要同步建设排放物在线连续监测装置。

四、高度重视节约用水

鼓励新建、扩建燃煤电站项目采用新技术、新工艺，降低用水量，对扩建电厂项目，应对该电厂中已投运机组进行节水改造，尽量做到发电增容不潜水。

在北方缺水地区，新建、扩建电厂禁止取用地下水，严格控制使用地表水，鼓励利用城市污水处理厂的中水或其它废水。原则上应建设大型空冷机组，机组耗水指标要控制在 0.38 立方米/秒·百万千瓦以下。这些地区建设的火电厂要与城市污水处理厂统一规划，配套同步建设。坑口电站项目首先考虑使用矿井疏干水。鼓励沿海缺水地区利用火电厂余热进行海水淡化。

水资源匮乏地区的燃煤电站要采用节水约干法、半干法烟气脱硫工艺技术。

五、严格控制土地占用量

所有电站项目要严格控制占地规模，严格执行国家规定的土地使用审批程序，原则不得占用基本农田。现阶段优先考虑占地少和不占耕地的电站项目。

六、落实热负荷：建设热电联产项目

在热负荷比较集中，或热负荷发展潜力较大的大中型城市，应根据电力和城市热力规划，结合交通运输和城市污水处理厂布局等因素，争取采用单机容量30万千瓦及以上的环保、高效发电机组，建设大型发电供热两用电站。

在不具备建设大型发电供热机组条件的地区，要根据当地热负荷的情况，区别对待。对于有充足、稳定的工业热负荷和采暖负荷的地区，原则上建设背压式机组，必要时配合建设大型抽汽凝汽式机组，按"抽背"联合运行方式供热，民用采暖负荷为主的中小城市、县城和乡镇，应按统一规划、分步实施的原则，先期建设大型集中供热锅炉房，待热网和热负荷规模发展到一定水平后，再考虑建设大型热电联产电站；对已建成的单机15万千瓦等级及以下抽汽供热机组，必须按"以热定电"的原则进行调度。电厂不带热负荷时不得上网发电。

国家鼓励发展大型热电冷多联产电站。

七、坚持技术引进和设备国产化原则

坚持国产化采购原则，新建及扩建燃煤电站均有义务承担技术引进和设备国产化的任务。国家鼓励采用国产发电设备。未经国家批准，不得进口燃煤发电设备。

优先安排采用国产化设备的整体煤气化联合循环，大型循环流化床、增压流化床等洁净煤先进技术发电项目。

八、关于燃用煤矸石发电的项目

对拥有大型矸石资源的矿区，在满足国家环保及用水要求条件下，可建设适当规模的燃用煤矸石的电站项目。煤矸石电厂必须以燃用煤矸石为主，一般应与洗煤厂配套建设，其燃料低位发热量应不大于12550千焦/千克。鼓励建设单机20万千瓦及以上机组，鼓励建设国产高效大型循环流化床锅炉的煤矸石电厂。

请按以上要求做好燃煤电站项目的规划和建设工作。

5. 热电联产和煤矸石综合利用发电项目建设管理暂行规定

(发改能源〔2007〕141号)

第一章 总 则

第一条 为提高能源利用效率，保护生态环境，促进和谐社会建设，实现热电联产和资源综合利用发电健康有序发展，依据国家产业政策和有关规定，制定本规定。

第二条 本规定适用于全国范围内新（扩）建热电联产和煤矸石综合利用发电项目。

第三条 发展改革部门（经委、经贸委）按照国家有关规定，负责热电联产和煤矸石综合利用发电规划、项目申报与核准，以及相关监管工作。

第二章 规 划

第四条 热电联产和煤矸石综合利用发电专项规划应按照国家电力发展规划和产业政策，依据当地城市总体规划、城市规模、工业发展状况和资源等外部条件，结合现有电厂改造、关停小机组和小锅炉等情况编制。

热电联产专项规划的编制要科学预测热力负荷，具有适度前瞻性，并对不同规划建设方案进行能耗和环境影响论证分析。

地市级及以上政府有关部门负责编制专项规划，并应纳入全省（直辖市、自治区）电力工业发展规划。各地热电联产和煤矸石综合利用发电装机总量应纳入国家电力发展规划。

省级发展改革部门会同其他有关部门应在全国电力发展规划装机容量范围内负责专项规划的审定，统一报国家发展改革委。

第五条 热电联产和煤矸石综合利用发电项目专项规划应当实施滚动管理，根据电力规划建设规模确定的周期（一般为三年），统筹确定热电建设规模，必要时可结合地区实际发展情况进行调整。

第六条 煤矸石综合利用发电项目，应优先在大型煤炭矿区内或紧邻大型煤炭洗选设施规划建设，具备集中供热条件的，应考虑热电联产；限制分散建设以煤矸石为燃料的小型资源综合利用发电项目。

第七条 煤矸石综合利用发电项目的设备选型应根据燃料特性确定，按照集约化、规模化和就近消化的原则,优先安排建设大中型循环流化床发电机组,在大型矿区以外的城市近郊区原则上不规划建设燃用煤矸石的热电联产项目。

第八条 热电联产的建设分 5 类地区安排,具体地区划分方式按照《民用建筑热工设计规范》(GB 50176)等国家有关规定执行。

第九条 热电联产应当以集中供热为前提。在不具备集中供热条件的地区,暂不考虑规划建设热电联产项目。

第十条 在严寒、寒冷地区(包括秦岭淮河以北、新疆、青海和西藏)且具备集中供热条件的城市,应优先规划建设以采暖为主的热电联产项目,取代分散供热的锅炉,以改善环境质量,节约能耗。

在夏热冬冷地区(包括长江以南的部分地区)如具备集中供热条件可适当建设供热机组,并可考虑与集中制冷相结合的热电联产项目。

夏热冬暖地区和温和地区除工业区用热需要建设供热机组外,不考虑建设采暖供热机组。

第十一条 以工业热负荷为主的工业区应当尽可能集中规划建设,以实现集中供热。

第十二条 在已有热电厂的供热范围内,原则上不重复规划建设企业自备热电厂。除大型石化、化工、钢铁和造纸等企业外,限制为单一企业服务的热电联产项目建设。

第十三条 热电联产项目中,优先安排背压型热电联产机组。

背压型机组的发电装机容量不计入电力建设控制规模。

背压型机组不能满足供热需要的,鼓励建设单机 20 万千瓦及以上的大型高效供热机组。

第十四条 在电网规模较小的边远地区,结合当地电力电量平衡需要,可以按热负荷需求规划抽凝式供热机组,并优先考虑利用生物质能等可再生能源的热电联产机组;限制新建并逐步淘汰次高压参数及以下燃煤(油)抽凝机组。

第十五条 以热水为供热介质的热电联产项目覆盖的供热半径一般按 20 公里考虑,在 10 公里范围内不重复规划建设此类热电项目;

以蒸汽为供热介质的一般按 8 公里考虑,在 8 公里范围内不重复规划建设此类热电项目。

第三章 核 准

第十六条 除背压型机组外，项目核准机关应当对热电联产建设方案与热电分产建设方案进行审核，热电联产年能源消耗量和在当地排放的污染物总量低于热电分产的，方可核准热电联产项目。

项目申请单位应当在项目申请报告中提供上一款所需资料。

第十七条 热电联产和煤矸石综合利用发电专项规划是项目核准的基本依据。项目核准应当在专项规划指导下进行，拟建项目应当经科学论证和专家评议后予以明确。

第十八条 热电联产项目在申报核准时，除提交与常规燃煤火电项目相同的支持性文件外，还需提供配套热网工程的可行性研究报告及当地整合供热区的方案，已有机组改造和小火电机组（小锅炉房）关停方案，以及相应的承诺文件，地方价格主管部门按照第二十三条规定出具的热力价格批复文件，项目申报单位和当地其他热电联产项目运行以及近三年核验情况。

第十九条 煤矸石综合利用发电项目在申报核准时，除提交与常规燃煤火电项目相同的支持性文件外，还需提供项目配套选用锅炉设备的订货协议，有关部门对当地燃料来源的论证和批复文件，项目申报单位和当地其他煤矸石综合利用发电项目运行以及近三年核验情况。

第四章 支持与保障措施

第二十条 国家支持利用多种方式解决中小城镇季节性采暖供热问题，推广采用生物质能、太阳能和地热能等可再生能源，并鼓励有条件的地区采用天然气、煤气和煤层气等资源实施分布式热电联产。

中小城镇季节性采暖供热应当符合因地制宜、合理布局、先进适用的原则。

第二十一条 国家采取多种措施，大力发展煤炭清洁高效利用技术，积极探索应用高效清洁热电联产技术，重点开发整体煤气化联合循环发电等煤炭气化、供热（制冷）、发电多联产技术。

第二十二条 热电联产和煤矸石综合利用发电项目的上网电价，执行国家发展改革委颁布的《上网电价管理暂行办法》。在实行竞价上网的地区，由市场竞争形成；在未实行竞价上网的地区，新建项目上网电价执行国家公布的新投产燃煤机组标杆上网电价。

第二十三条 热电联产项目的热力出厂价格,由省级价格主管部门或经授权的市、县人民政府根据合理补偿成本、合理确定收益、促进节约用热、坚持公平负担的原则,按照价格主管部门经成本监审核定的当地供热定价成本及规定的成本利润率或净资产收益率统一核定,并按照国家有关规定实行煤热联动。

对热电联产供热和采用其他方式供热的销售价格逐步实行同热同价。

第二十四条 热电联产和煤矸石综合利用发电项目应优先上网发电。热电联产机组在供热运行时,依据实时供热负荷曲线,按"以热定电"方式优先排序上网发电,在非供热运行时或超出供热负荷曲线所发电力电量,应按同类凝汽发电机组能耗水平确定其发电调度序位。

第五章 监督检查

第二十五条 项目核准机关应当综合考虑城市规划、国土资源、环境保护、银行监管、安全生产等国家有关规定,健全完善项目检查和认定核验制度。

热电联产项目必须安装热力负荷实时在线监测装置,并与发电调度机构实现联网。

第二十六条 项目建成投产后,由项目核准机关组织或委托有关单位进行竣工检查,确认项目建设是否符合项目核准文件的各项要求。受托组织竣工检查的单位,应将检查结论报国家发展改革委。

经竣工检查合格的项目,方可申请享受国家规定的税收优惠或补贴等政策。热电联产企业与其他供热企业应同等享受当地供热优惠政策或补贴。

第二十七条 项目生产运行过程中,省级发展改革部门(经委、经贸委)应当会同有关部门进行定期年度核验。对不符合国家有关规定和项目核准要求的,应责令其限期整改,取消其享受的各项优惠政策,并报国家发展改革委。国家发展改革委将视情况组织专项稽查。经查明确有弄虚作假的,责令其停止上网运行,并按照国家有关规定予以处理。

第二十八条 项目核准机关应当会同有关部门,加强对热电联产和煤矸石综合利用发电项目的监管。对于应报政府核准而未申报的项目、虽然申报但未经核准擅自开工建设的项目,以及未按项目核准文件的要求进行建设的项目,一经发现,项目核准机关应责令其停止建设,并依法追究有关责任人的法律和行政责任。

第六章 附 则

第二十九条 本规定所称项目核准机关,是指《政府核准的投资项目目录》中规定具有企业投资项目核准权限的行政机关。

第三十条 燃用煤矸石和低位发热量小于 12250 千焦/千克的低热值煤的项目审批核准,应按照燃煤项目进行管理,适用本规定以及其他燃煤项目的有关项目管理规定。

第三十一条 本规定由国家发展和改革委员会负责解释。

第三十二条 本规定自发布之日起施行。

6. 国家能源局关于促进低热值煤发电产业健康发展的通知

(国能电力〔2011〕396号)

为贯彻党中央、国务院关于加快建设资源节约型、环境友好型社会的战略部署，落实"十二五"规划纲要提出的优先发展煤矸石等综合利用电站要求，实现低热值煤发电产业又好又快发展，现通知如下：

一、发展低热值煤发电产业的重要意义

我国是煤炭生产和消费大国，煤炭生产和洗选过程中产生了大量的煤矸石、煤泥、洗中煤等低热值煤资源。近年来，我国低热值煤发电取得积极进展，总装机已达2600万千瓦，但仍存在规模偏小、机组效率不高、管理基础薄弱、相关标准和政策不适应低热值煤发电产业健康发展需要等问题。进一步完善政策，促进低热值煤发电产业健康发展是构建资源节约型、环境友好型社会的必然要求。

（一）有利于提高能源资源利用效率。我国每年产生可用于发电的煤矸石、煤泥、洗中煤等低热值煤资源3亿吨以上，而已建成的低热值煤发电机组，每年仅可消耗低热值煤资源1亿多吨，尚有大量现有和每年新增的2亿吨未得到合理有效利用，折合标煤8500万吨。加快发展低热值煤发电产业，对实现低热值煤资源就近高效转化，提高煤炭资源利用效率具有重要意义。

（二）有利于减轻矿区生态环境污染。大量未利用的煤矸石、煤泥等长期在矿区堆存，易自燃并释放有害气体，污染大气环境；同时经雨水淋溶，也会污染水体和土壤。加快发展低热值煤发电产业，对多途径利用废弃资源，减少煤矸石、煤泥堆存，保护矿区生态环境具有重要作用。

（三）有利于节约土地和运力资源。初步统计，全国煤矸石、煤泥占用土地已达1.3万公顷以上，长期堆存不仅浪费有限的土地资源，且对土壤质量造成很大破坏，加大了土地恢复利用的难度。另外，部分煤矸石、煤泥、洗中煤掺混在优质煤中长距离运输，增加运输能耗，加剧运力紧张矛盾。加快发展低热值煤发电产业，对保护宝贵的土地资源、避免运力浪费具有积极作用。

二、指导方针和目标

（一）指导思想

深入贯彻落实科学发展观，按照"十二五"规划纲要提出的加快构建资源节约、环境友好生产方式的要求，围绕提高能源资源利用效率，科学规划布局，规范准入标准，加大政策支持，强化监督管理，促进低热值煤发电产业健康发展。

（二）基本原则

分类利用、高效环保。根据矿区煤矸石、煤泥和洗中煤等资源的利用价值，选择最佳途径实现综合利用。合理确定低热值煤发电项目的机组选型和入炉燃料热值范围，严格执行环保、用水和灰渣综合利用等相关要求。

合理布局、就近消纳。在科学论证资源总量的基础上，就近布局低热值煤发电项目，尽量减少低热值煤长距离运输，提高外运煤炭质量，避免运力浪费，实现煤炭资源合理分级利用，提高能源综合利用效率。

突出重点、统筹规划。把主要煤炭生产省区和大型矿区作为发展低热值煤发电的重点区域，科学编制低热值煤发电专项规划，做好与所在省区电力发展规划的衔接，统筹推进低热值煤发电项目建设。

政策支持、加强管理。进一步完善支持政策，调动骨干能源企业发展低热值煤发电的积极性。充分发挥地方政府作用，规范低热值煤发电项目前期工作与核准程序，加强生产运行管理，促进低热值煤发电产业又好又快发展。

（三）主要目标

力争到2015年，全国低热值煤发电装机容量达到7600万千瓦，年消耗低热值煤资源3亿吨左右，形成规划科学、布局合理、利用高效、技术先进、生产稳定的低热值煤发电产业健康发展格局。

三、具体要求

（一）用于发电的低热值煤资源主要包括煤泥、洗中煤和收到基热值不低于5020千焦（1200千卡）/千克的煤矸石。收到基热值不足5020千焦（1200千卡）/千克的煤矸石等资源，可通过生产建材、筑路、沉陷区回填、井下充填等方式综合利用。

（二）"十二五"期间，重点在主要煤炭生产省区和大型煤炭矿区，紧邻600万吨/年及以上总规模的炼焦煤（无烟煤）洗煤厂（群）或1000万吨/年及以上总规模的动力煤洗煤厂（群），规划建设2×15万千瓦级及以上的高效低热值煤发电项目，鼓励具备条件的地区建设2×30万千瓦机组。同时，项目布局兼顾热值满足发电要求的存量矸石资源。矿区内洗煤规模不足的，其低热值煤资源应由临近具备条件的大型坑口电厂掺烧实现就近消纳。

（三）低热值煤发电项目所用燃料优先采用皮带输送方式。依托多个洗煤厂的项目，燃料运输距离不应超过30公里。合理运输距离范围内不重复规划建设低热值煤发电项目。

（四）低热值煤发电项目应以煤矸石、煤泥、洗中煤等低热值煤为主要燃料。以煤矸石为主要燃料的，入炉燃料收到基热值不高于14640千焦（3500千卡）/千克。

（五）根据燃料特性合理确定低热值煤发电项目的机组选型。以煤矸石为主要燃料的，应结合资源数量，优先选用国产大型循环流化床锅炉；以洗中煤、煤泥为主要燃料的，可考虑采用高效煤粉炉。扩建项目可建设单台机组，新建项目原则上按两台机组考虑。

（六）低热值煤发电项目应尽可能兼顾周边工业企业和居民集中用热需要，采用热电联产或具备一定供热能力的机组。

（七）低热值煤发电项目原则上采用煤矿、洗煤厂、电厂为同一投资主体控股的"煤电一体化"模式。鼓励有低热值煤发电运行管理经验的企业，以及周边符合国家产业政策的电力、热力用户参股建设。

（八）低热值煤发电项目要严格执行国家环保、土地、用水和灰渣综合利用等相关政策规定，确保达标排放和灰渣综合利用，严格控制土地占用量，高度重视节约用水，并优先考虑使用矿井水，水资源匮乏地区要采用空冷机组。

四、支持政策

（一）符合上述条件的低热值煤发电项目，在各省（区、市）自用、外送火电建设规模中优先安排。

（二）对于以煤矸石为主要燃料的低热值煤发电项目，优先于常规燃煤机组调度和安排电量，并结合循环流化床锅炉发电机组负荷跟踪速度慢等特性，降低机组负荷调节速率要求。

（三）支持以煤矸石为主要燃料的低热值煤发电项目作为所在矿区工业园单个或多个符合国家产业政策企业的自备电厂，或参与大用户直供电。

五、监督管理

（一）低热值煤发电专项规划是项目核准的主要依据之一。有关省（区、市）政府能源主管部门要统筹考虑煤炭资源、洗选规模、水资源、环境容量等条件，按照国家电力发展规划和产业政策，抓紧编制本地区低热值煤发电专项规划，合理安排低热值煤发电项目布局和建设时序，经科学论证和专家评议后，统一纳入全省（区、市）电力发展规划。低热值煤发电专项规划在实施过程中，可根据实际情况进行滚动调整。

（二）低热值煤发电项目申报核准时，申报单位除按照有关规定编制并报送项目申请报告，提交与常规燃煤火电项目相同的支持性文件外，还需提供所在省（区、市）低热值煤发电专项规划及其评议审查意见，项目选用锅炉的订货协议，有关部门对项目燃料来源的论证和批复文件，项目申报单位和当地其他低热值煤发电项目运行以及近三年核验情况等。

（三）省级政府能源主管部门要会同有关方面，对运行电厂利用低热值煤资源情况，开展定期年度核验和不定期抽查；具备条件的省（区、市）要适时推进低热值煤发电入炉燃料在线监测系统建设。对不符合项目核准相关要求的，应责令限期整改，整改达不到要求的，取消其享受的优惠政策。

特此通知。

国家能源局
二〇一一年十一月二十五日

7. 国务院关于印发大气污染防治行动计划的通知（摘录）

（国发〔2013〕37号）

国务院关于印发大气污染防治行动计划的通知

国发〔2013〕37号

各省、自治区、直辖市人民政府，国务院各部委、各直属机构：

现将《大气污染防治行动计划》印发给你们，请认真贯彻执行。

国务院
2013年9月10日

大气污染防治行动计划（摘录）

四、加快调整能源结构，增加清洁能源供应

（十二）控制煤炭消费总量。制定国家煤炭消费总量中长期控制目标，实行目标责任管理。到2017年，煤炭占能源消费总量比重降低到65%以下。京津冀、长三角、珠三角等区域力争实现煤炭消费总量负增长，通过逐步提高接受外输电比例、增加天然气供应、加大非化石能源利用强度等措施替代燃煤。

京津冀、长三角、珠三角等区域新建项目禁止配套建设自备燃煤电站。耗煤项目要实行煤炭减量替代。除热电联产外，禁止审批新建燃煤发电项目；现有多台燃煤机组装机容量合计达到30万千瓦以上的，可按照煤炭等量替代的原则建设为大容量燃煤机组。

（十三）加快清洁能源替代利用。加大天然气、煤制天然气、煤层气供应。到2015年，新增天然气干线管输能力1500亿立方米以上，覆盖京津冀、长三角、珠三角等区域。优化天然气使用方式，新增天然气应优先保障居民生活或用于替代燃煤；鼓励发展天然气分布式能源等高效利用项目，限制发展天然气化工项目；有序发展天然气调峰电站，原则上不再新建天然气发电项目。

制定煤制天然气发展规划，在满足最严格的环保要求和保障水资源供应的前提下，加快煤制天然气产业化和规模化步伐。

积极有序发展水电，开发利用地热能、风能、太阳能、生物质能，安全高效发展核电。到2017年，运行核电机组装机容量达到5000万千瓦，非化石能

源消费比重提高到13%。

京津冀区域城市建成区、长三角城市群、珠三角区域要加快现有工业企业燃煤设施天然气替代步伐；到2017年，基本完成燃煤锅炉、工业窑炉、自备燃煤电站的天然气替代改造任务。

（十五）提高能源使用效率。严格落实节能评估审查制度。新建高耗能项目单位产品（产值）能耗要达到国内先进水平，用能设备达到一级能效标准。京津冀、长三角、珠三角等区域，新建高耗能项目单位产品（产值）能耗要达到国际先进水平。

积极发展绿色建筑，政府投资的公共建筑、保障性住房等要率先执行绿色建筑标准。新建建筑要严格执行强制性节能标准，推广使用太阳能热水系统、地源热泵、空气源热泵、光伏建筑一体化、"热—电—冷"三联供等技术和装备。

推进供热计量改革，加快北方采暖地区既有居住建筑供热计量和节能改造；新建建筑和完成供热计量改造的既有建筑逐步实行供热计量收费。加快热力管网建设与改造。

8. 发改委、环保部关于严格控制重点区域燃煤发电项目规划建设有关要求的通知

(发改能源〔2014〕411号)

北京、天津、河北、江苏、浙江、上海、广东省（市）发展改革委（能源局）、经委（经信委、工信厅）、环保厅，国家能源局各派出机构：

《国务院关于印发大气污染防治行动计划的通知》（国发〔2013〕37号，以下简称《行动计划》）明确"京津冀、长三角、珠三角区域（以下简称'重点区域'）力争实现煤炭消费总量负增长"，严格控制重点区域燃煤发电项目建设。为做好此项工作，现就有关要求通知如下：

一、充分认识大气污染防治工作的重要意义，坚决把《行动计划》落实到重点区域燃煤发电项目的规划布局、前期工作和建设运行等各个环节，严格控制重点区域建设燃煤发电项目，将煤炭等量替代纳入燃煤发电项目环境影响评价、节能评估审查工作范畴。重点区域包括北京市、天津市、河北省、江苏省、浙江省、上海市和广东省九地市（广州、深圳、珠海、佛山、江门、肇庆、惠州、东莞和中山）。

二、已纳入国家电力建设规划的燃煤发电项目，在《行动计划》印发前取得环评、能评批复的，经由省级人民政府主管部门书面承诺投产前落实煤炭等量替代后，可按企业投资项目核准暂行办法的有关规定报送核准。未取得环评批复的，在报送环评审批前，应明确煤炭替代方案；或由项目所在地省级政府主管部门提出不再纳入国家电力建设规划的建议。项目建成后耗煤量纳入全省煤炭消费总量统一控制。

三、根据《行动计划》要求，重点区域未来发电装机缺口主要通过接受区外采电、建设非化石能源发电等方式解决。重点区域新建项目禁止配套建设自备燃煤电站。除热电联产外，禁止审批新建燃煤发电项目。现有多台燃煤机组装机容量合计达到30万千瓦以上的，实施煤炭等量替代后可建设为大容量燃煤发电机组，并优先在沿海地区布局。重点区域新建燃煤机组的能效水平要达到国际领先水平。

四、重点区域规划建设燃煤发电项目应严格实施煤炭等量替代。燃煤发电项目可在本省内跨行业进行煤量替代，替代来源应为2013年起采取措施形成的煤炭削减量。

五、燃煤发电项目煤炭消耗量按照机组装机容量与类型确定（详见附件）。作为替代来源的关停设施、煤改气等燃料替代设施，其用煤量按照燃煤设施近3年实际耗煤量的平均值核定；企业节能技改减少的耗煤量按照实际形成的节煤量核定。

六、燃煤发电项目环境影响报告书和节能评估报告书应包含煤炭替代方案，明确煤炭替代来源及替代削减量，并由省级政府主管部门出具初步核定意见。环评文件批复或项目核准后，项目建设内容发生变化并导致耗煤量改变的，除按原有规定办理外，须落实新的煤炭替代方案。

七、煤炭替代方案中，环评、能评文件批复前已实际完成的煤炭削减量应分别达到如下标准：达到现行燃机排放标准的燃煤发电项目不低于25%；热电联产或超超临界燃煤发电项目不低于35%；其余项目不低于50%。各项目均应在投产前完成全部煤炭削减量。

八、省级人民政府作为煤炭替代管理的责任主体，应责成省级主管部门落实煤炭替代方案。加强燃煤发电项目煤炭替代落实情况的跟踪检查，严禁重复替代。加快燃煤电厂脱硫、脱硝、除尘设施建设和改造，按期达到排放标准，并强化后续环保设施运行监管。做好本省煤炭替代统计工作，记录煤炭替代项目、替代煤炭量等信息，并于每年2月底前向社会公告。

九、每年上半年环境保护部会同有关部门对各省（区、市）上年度投产的燃煤发电项目煤炭替代方案落实情况进行检查，检查结果纳入《行动计划》年度考核。对煤炭替代方案未落实的，予以通报批评，责令限期整改，并按有关规定严格责任追究。电网企业和工程竣工环保验收单位不得对其进行并网调度和环保验收。

十、重点区域新建项目配套建设自备燃煤电站或未按照煤炭替代有关要求违规建设燃煤发电项目的，暂停对所在省（市）燃煤发电项目的环评、能评审批，并追究有关人员责任。

特此通知。

附件：燃煤发电机组耗煤量指导值

附件

燃煤发电机组年耗煤量计算参考值

单位：克/千瓦时、千克/吉焦、%、小时、万吉焦、万吨

机组类型	冷却方式	供电煤耗	供热煤耗	厂用电率	年利用小时数	年供热量	年耗标煤量
一、纯凝机组							
1×1000MW 超超临界	湿冷	285	—	4.2	5000	—	137
1×660MW 超超临界	湿冷	293	—	4.5	5000	—	92
1×600MW 超临界	湿冷	303	—	4.8	5000	—	87
二、供热机组							
2×350MW 超临界	湿冷	284	38	6.5	5000	500	112
2×350MW 超临界	间接空冷	297	38	6.8	5000	500	116
2×350MW 超临界	直接空冷	300	38	7	5000	500	117

注：1. 纯凝机组供电煤耗、厂用电率为同类型机组的较优秀运行值，其中厂用电率按汽动给水泵方案考虑。
2. 供热机组供电煤耗、年供热量按采暖供热机组测算，2台机组采暖期平均抽汽量按660吨/时，采暖期按4个月考虑。
3. 供热机组厂用电率为综合厂用电率，按汽动给水泵方案考虑。
4. 机组年发电利用小时数、供热煤耗分别取5000小时、38千克/吉焦。